Kongs-Emnerne

Henrik Ibsen

Kongs-Emnerne
Copyright © JiaHu Books 2014
First Published in Great Britain in 2014 by JiaHu Books – part of Richardson-Prachai Solutions Ltd, 34 Egerton Gate, Milton Keynes, MK5 7HH
ISBN: 978-1-78435-065-9
Conditions of sale
All rights reserved. You must not circulate this book in any other binding or cover and you must impose the same condition on any acquirer.
A CIP catalogue record for this book is available from the British Library
Visit us at: jiahubooks.co.uk

PERSONERNE	5
FØRSTE AKT	7
ANDEN AKT	21
TREDJE AKT	42
FJERDE AKT	68
FEMTE AKT	91

PERSONERNE

HÅKON HÅKONSSØN, kongevalgt af Birkebejnerne.
INGA FRA VARTEJG, hans moder.
SKULE JARL.
FRU RAGNHILD, hans hustru.
SIGRID, hans søster.
MARGRETE, hans datter.
GUTHORM INGESSØN.
SIGURD RIBBUNG.
NIKOLAS ARNESSØN, bisp i Oslo.
DAGFINN BONDE, Håkons stallare.
IVAR BODDE, hans hirdprest.
VEGARD VÆRADAL, en af hans hirdmænd.
GREGORIUS JONSSØN, lendermand.
PÅL FLIDA, lendermand.
INGEBJØRG, Andres Skjaldarbands hustru.
PETER, hendes søn, en ung prest.
SIRA VILJAM, huskapellan hos bisp Nikolas.
MESTER SIGARD fra Brabant, en læge.
JATGEJR SKALD, en Islænding.
BÅRD BRATTE, en høvding fra det Trondhjemske.
ALMUE og BYMÆND i Bergen, Oslo og Nidaros.
KORSBRØDRE, PRESTER, MUNKE og NONNER.
GÆSTER, HIRDMÆND og FRUER.
KRIGSFOLK O. S. V.

Handlingen foregår i første halvdel af det trettende århundrede.

FØRSTE AKT

(Kristkirkegården i Bergen. I baggrunden ligger kirken, hvis højportal vender fremover mod tilskuerne. Til venstre i forgrunden står Håkon Håkonssøn, Dagfinn Bonde, Vegard af Værdalen, Ivar Bodde samt flere lendermænd og høvdinger. Lige over for ham står Skule jarl, Gregorius Jonssøn, Pål Flida og andre af jarlens mænd. Længere tilbage på samme side ses Sigurd Ribbung med sit følge og bortenfor ham Guthorm Ingessøn med flere høvdinger. Kirkens tilgange er besatte med vagt; almuen fylder hele kirkegården; mange sidder oppe i træerne og på kirkemuren; alle synes i højeste spænding at vente på noget, som skal ske. Fra byens kirketårne ringer det fjern og nær.)

SKULE JARL *(dæmpet og utålmodig til Gregorius Jonssøn).* Hvad bier de efter så længe derinde?

GREGORIUS JONSSØN. Stille; nu begynder salmen.

(Inde fra den lukkede kirke høres til basuners lyd:)
KOR AF MUNKE OG NONNER. Domine coeli etc. etc.

(Under sangen åbnes kirkedøren indenfra; i forhallen ses bisp Nikolas omgiven af prester og klosterbrødre.)

BISP NIKOLAS *(træder frem i døren og forkynder med opløftet stav)*: Nu bærer Inga fra Vartejg jernbyrd for Håkon kongsemne!

(Kirken lukkes igen; sangen vedbliver derinde.)

GREGORIUS JONSSØN *(dæmpet til jarlen).* Kald på den hellige kong Olaf for det, som ret er.

SKULE JARL *(hurtigt og afværgende).* Ikke nu. Bedst, ikke at minde ham om mig.

IVAR BODDE *(griber Håkon om armen).* Bed til Herren din Gud, Håkon Håkonssøn.

HÅKON. Behøves ikke; jeg er viss på ham.

(Sangen fra kirken lyder stærkere; alle blotter hovederne, mange

falder på knæ og beder.)
GREGORIUS JONSSØN *(til jarlen)*. Dette er en stor time for dig og mange.
SKULE JARL *(ser spændt mod kirken)*. En stor time for Norge.
PÅL FLIDA *(nær ved jarlen)*. Nu holder hun jernet.
DAGFINN BONDE *(over hos Håkon)*. De kommer kirkegulvet nedover.
IVAR BODDE. Krist skærme dine skære hænder, Inga kongsmoder!
HÅKON. Denne stund skal hun visselig lønnes for al min tid.
SKULE JARL *(som spændt har lyttet, udbryder pludseligt)*. Skreg hun? Slap hun jernet?
PÅL FLIDA *(går opover)*. Jeg véd ikke, hvad det var.
GREGORIUS JONSSØN. Kvinderne græder højt i forhallen.
KORET FRA KIRKEN *(falder jublende ind)*. Gloria in excelsis deo!
(Portalen springer op; Inga kommer ud, fulgt af nonner, prester og munke.)
INGA *(på kirketrappen)*. Gud har dømt! Se disse hænder; med dem bar jeg jernet!
STEMMER BLANDT MÆNGDEN. De er skære og hvide, som før!
ANDRE STEMMER. Endda fagrere!
HELE ALMUEN. Han er visselig Håkon Sverressøns søn!
HÅKON *(omfavner hende)*. Hav tak, tak, du højt velsignede!
BISP NIKOLAS *(stryger forbi jarlen)*. Uklogt var det at fremme jernbyrden.
SKULE JARL. Nej, herre bisp, Gud *måtte* tale i denne sag.
HÅKON *(dybt bevæget, holder Inga ved hånden)*. Nu er det da altså gjort, det, som hver en evne i mig har råbt højt imod, – det, som mit hjerte har vridt og vendt sig under –
DAGFINN BONDE *(ud mod mængden)*. Ja, se på denne kvinde og tænk jer om, så mange som I her er! Hvo har tvivlt om hendes ord, før enkelte havde brug for at der skulde tvivles?
PÅL FLIDA. Tvivlen har hvisket i hvert kot fra den stund Håkon kongs-emne blev båren som barn ind i kong Inges gård.
GREGORIUS JONSSØN. Og sidste vinter vokste den til et skrig og gik lydt over landet, nord og sør; det tænker jeg hver mand kan vidne.

HÅKON. Bedst kan jeg selv vidne det. Derfor har jeg også givet efter for mange trofaste venners råd og bøjet mig så dybt, som ingen anden kongevalgt mand har gjort på lange tider. Jeg har bevist med jernbyrd min fødsel, bevist min ret, som Håkon Sverressøns søn, til at tage land og rige i arv. Ikke vil jeg her granske nøjere, hvem der har fostret tvivlen og gjort den så højmælt, som jarlens frænde siger; men det véd jeg, at bittert har jeg lidt under den. Jeg har været kongevalgt fra barn af, men liden kongsære blev mig vist, selv *der*, hvor det skulde tykkes, at jeg tryggest turde vente det. Jeg vil kun minde om sidst palmesøndag i Nidaros, da jeg gik op til alteret for at ofre, og erkebispen vendte sig om og lod som han ikke så mig, for at slippe at hilse, som det er skik at hilse konger. Dog, sligt skulde jeg let vidst at bære, men åben krig var nær ved at bryde løs i landet og den måtte jeg hindre.

DAGFINN BONDE. Godt kan det være for konger at lytte til kloge råd; men var *mit* råd hørt i denne sag, da havde det ikke været med hedt jern men med koldt stål, at Håkon Håkonssøn skulde skiftet ret mellem sig og sine uvenner.

HÅKON. Styr dig, Dagfinn; *det* sømmer sig for den mand, som skal styre fremst i riget.

SKULE JARL *(med et let smil).* Kongens uven er det så nemt at kalde hver den, som er kongens vilje imod. Jeg mener nu, *den* er kongen værst, som råder ham fra at godtgøre sin ret til kongsnavnet.

HÅKON. Hvem véd. Var det min ret alene, som her handledes om, så kunde det hænde, at jeg ikke havde købt den så dyrt; men vi får se højere op; her gælder det kald og pligt. Jeg kender det højt og varmt indeni mig, og jeg blyges ikke ved at sige det, – jeg alene er den, som kan styre landet frem til det bedste i disse tider; – kongefødsel avlerkongepligt –

SKULE JARL. Der er flere her, som giver sig selv sligt fagert skudsmål.

SIGURD RIBBUNG. Jeg gør det, og med ligeså fuld grund. Min farfader var kong Magnus Erlingssøn –

HÅKON. Ja, hvis din fader, Erling Stejnvæg, var kong Magnus's søn; men de fleste nægter det, og endnu er der ikke båret nogen jernbyrd i den sag.

SIGURD RIBBUNG. Ribbungerne tog mig til konge og gjorde det med fri vilje, mens Dagfinn Bonde og andre Birkebejnere truede sig til et kongsnavn for dig.

HÅKON. Ja, så ilde havde I stellt med Norge, at Sverres ætling måtte true sig frem.

GUTHORM INGESSØN. Sverres ætling er jeg ligeså fuldt som du –

DAGFINN BONDE. Men ikke i lige række mand efter mand.

BISP NIKOLAS. Der er kvindeled imellem, Guthorm.

GUTHORM INGESSØN. Det véd jeg dog, at Inge Bårdssøn, min fader, var lovligt tagen til konge over Norge.

HÅKON. Fordi der ikke var nogen, som kendte til at Sverres sønnesøn var ilive. Fra den dag *det* blev vitterligt, styrede han riget som værge for mig, ikke anderledes.

SKULE JARL. Så kan ikke siges med sandhed; Inge var hele sin tid konge med al lovlig magt og uden forbehold. At Guthorm liden ret har, kan være sandt nok; thi han er uægte født; men jeg er kong Inges ægtefødte broder, og loven er for mig, når jeg kræver og tager fuld arv efter ham.

DAGFINN BONDE. Å, herre jarl, fuld arv har I visselig taget, og det ikke eders faders slægtseje alene, men alt, hvad Håkon Sverressøn af gods lod efter sig.

BISP NIKOLAS. Ikke alt, gode Dagfinn. Ær sandheden; – kong Håkon har beholdt en sylgje og den guldring, han bærer om armen.

HÅKON. Lad det være som det vil; med Guds hjælp skal jeg vinde gods igen. Og nu, I lendermænd og lagmænd, I kirkebrødre og høvdinger og hirdfolk, nu er det tid at sætte rigsmødet, som vedtaget er. Med bundne hænder har jeg siddet til denne dag; jeg mener ingen mand vil fortænke mig i, at jeg længter efter at få dem løste.

SKULE JARL. Det går flere, som jer, Håkon Håkonssøn.

HÅKON *(blir opmærksom)*. Herre jarl, hvad mener I?

SKULE JARL. Jeg mener, at alle vi kongs-emner har samme skel til at længte. Alle har vi været lige stramt bundne; thi ingen af os har vidst hvor langt hans ret strak.

BISP NIKOLAS. Utrygt har det været med kirkens sager som med landets; men nu får den hellige kong Olafs lov dømme.

DAGFINN BONDE *(halvlydt).* Nye kneb!

(Håkons mænd rykker nærmere sammen.)

HÅKON *(tvinger sig til rolighed og går et par skridt frem mod jarlen).* Jeg vil tro, at jeg ikke har fattet eders mening. Jernbyrden har godtgjort min odelsret til riget, og derfor skønner jeg ikke bedre, end at rigsmødet kun har at give lovskraft til mit kongevalg, som alt gik for sig på Ørething for seks år siden.

FLERE BLANDT JARLENS OG SIGURDS MÆND. Nej, nej, – det nægter vi!

SKULE JARL. Så var aldrig tanken, da det blev vedtaget at holde rigsmøde her. Ved jernbyrden har I endnu ikke vundet riget, men kun bevist eders adkomst til idag at møde frem med os andre kongs-emner og gøre gældende det krav, som I mener at have –

HÅKON *(tvinger sig).* Det vil da kort og grejdt sige, at i seks år har jeg urettelig båret kongsnavn, og i seks år har I, herre jarl, urettelig rådet landet som værge for mig.

SKULE JARL. Ingenlunde så. En måtte bære kongsnavnet, da min broder var død. Birkebejnerne, og mest Dagfinn Bonde, var virksomme for eders sag og fik jert valg fremmet, før vi andre kunde komme frem med vore fordringer.

BISP NIKOLAS *(til Håkon).* Jarlen mener, at hint valg kun gav jer brugsret ikke ejendomsret til kongemagten.

SKULE JARL. I har siddet inde med alle rettigheder; men både Sigurd Ribbung og Guthorm Ingessøn og jeg mener os at være fuldt så nære arvinger, som I, og nu skal loven dele mellem os og sige, hvo der skal tage arven fast for alle tider.

BISP NIKOLAS. Sandt at sige har nok jarlen god grund for sin mening.

SKULE JARL. Både jernbyrd og rigsmøde har mere end engang været på tale i disse år, men altid er der kommet noget imellem. Og,

11

herr Håkon, dersom I mente, at eders ret stod uryggelig fast ved
det første kongevalg, hvorfor gav I da jert minde til at
jernbyrden nu blev fremmet?
DAGFINN BONDE *(forbitret).* Brug værget, kongsmænd, og
lad *det* dele!
MANGE AF HIRDEN *(stormer frem).* Bær våben på kongens uvenner!
SKULE JARL *(råber til sine).* Dræb ingen! Sår ingen! Bare hold dem
fra livet.
HÅKON *(holder sine tilbage).* Ind med værget hver mand, som drog
det! – Ind med værget, siger jeg! *(rolig.)* I gør det tifold værre
for mig med slig fremfærd.
SKULE JARL. Slig farer mænd frem mod mænd hele landet rundt.
Der ser I, Håkon Håkonssøn; nu tænker jeg det bedst viste sig,
hvad I har at gøre, ifald landets fred og mænds liv ligger jer på
hjerte.
HÅKON *(efter en kort betænkning).* Ja – jeg ser det. *(tager Inga ved
hånden og vender sig til en af dem, som står om ham.)* Torkell, du
var en trofast mand i min faders hird; tag denne kvinde hjem
i dit herberge og vær god mod hende; – hun var Håkon
Sverressøn såre kær. – Gud signe dig, min moder, – jeg får møde
til rigsstævne nu. *(Inga trykker hans hånd og går med Torkell.)*
Håkon tier lidt, træder derpå frem og siger med klarhed:) Loven
skal dømme; den alene. I Birkebejnere, som var med på
Ørething og tog mig til konge, I er nu løste fra den ed, I svor mig
der. Du, Dagfinn, er ikke min stallare mere; jeg vil ikke møde
frem med stallare eller med hird, ikke med kongsmænd eller
med svorne kæmper; jeg er en fattig mand; al min arv er en
sylgje og denne guldring; – det er ringe gods at lønne så mange
gode mænds tjeneste med. Nu, I andre kongs-emner, nu står det
lige mellem os; jeg vil intet have forud for jer undtagen den ret,
som jeg har ovenfra, – *den* hverken kan eller vil jeg dele med
nogen. – Lad blæse til rigsstævne, og så dømme Gud og den
hellige kong Olafs lov.
*(Går ud med sine mænd til venstre der blæses i horn og lur langt
borte.)*

GREGORIUS JONSSØN *(til jarlen, idet mængden holder på at gå).* Ved jernbyrden tyktes du mig ræd, og nu ser du så glad og trøstig ud SKULE JARL *(fornøjet).* Så du, han havde Sverres øjne, da han talte? Godt blir valget enten de gør ham eller mig til konge.
GREGORIUS JONSSØN *(urolig).* Men vig ikke. Tænk på alle dem, som falder med din sag.
SKULE JARL. Her står jeg på rettens grund; nu gemmer jeg mig ikke for helgenen.
(Går ud til venstre med sit følge.)
BISP NIKOLAS *(haster efter Dagfinn Bonde).* Det går nok, gode Dagfinn, det går nok; – men hold jarlen langt borte fra kongen, når han er kåret; – hold ham bare langt borte!
(Alle går ud til venstre bag kirken.)
(En hal i kongsgården. Til venstre i forgrunden er et lavt vindu; til højre indgangsdør; i baggrunden en større dør, som fører ind til kongshallen. Ved vinduet står et bord; forresten stole og bænke.)
(Fru Ragnhild og Margrete kommer fra den mindre dør; Sigrid følger straks efter.)
FRU RAGNHILD. Her ind.
MARGRETE. Ja, her er mørkest.
FRU RAGNHILD *(går til vinduet).* Og her kan vi se ned på thingvolden.
MARGRETE *(ser forsigtigt ud).* Ja, dernede bag kirken er de alle samlede.
(vender sig i gråd.) Dernede skal nu det ske, som vil drage så meget efter sig.
FRU RAGNHILD. Hvem råder her i hallen imorgen?
MARGRETE. O ti. Så tung en dag havde jeg aldrig tænkt at skulle leve.
FRU RAGNHILD. Den måtte komme; at stå som kongsværge var ikke fuld gerning for *ham.*
MARGRETE. Ja – den måtte komme; kongsnavnet alene kunde ikke være *ham* nok.
FRU RAGNHILD. Hvem taler du om?
MARGRETE. Om Håkon.

13

FRU RAGNHILD. Jeg talte om jarlen.
MARGRETE. Der lever ikke ypperligere mænd, end de to
FRU RAGNHILD. Ser du Sigurd Ribbung? Hvor lumsk han sidder, – ret som en ulv i lænke.
MARGRETE. Ja se –! Han folder hænderne foran sig over sværdknappen og hviler hagen på dem.
FRU RAGNHILD. Han bider sig i mundskægget og ler –
MARGRETE. Hvor stygt han ler.
FRU RAGNHILD. Han véd, at ingen vil fremme hans sag; – det er *det*, som gør ham ond. – Hvem er den lagmand, som taler nu?
MARGRETE. Det er Gunnar Grjonbak.
FRU RAGNHILD. Er han for jarlen?
MARGRETE. Nej, han er nok for kongen –
FRU RAGNHILD *(ser på hende)*. For hvem er han, siger du?
MARGRETE. For Håkon Håkonssøn.
FRU RAGNHILD *(ser ud; efter et kort ophold)*. Hvor sidder Guthorm Ingessøn, – ham ser jeg ikke.
MARGRETE. Bag sine mænd, *der* nederst – i fodsid kappe.
FRU RAGNHILD. Ja der.
MARGRETE. Han ser ud som han skammer sig –
FRU RAGNHILD. Det er på moderens vegne.
MARGRETE. Så gjorde ikke Håkon.
FRU RAGNHILD. Hvem taler nu?
MARGRETE *(ser ud)*. Tord Skolle, lagmanden i Ranafylke.
FRU RAGNHILD. Er *han* for jarlen?
MARGRETE. Nej – for Håkon.
FRU RAGNHILD. Hvor uryggelig jarlen sidder og hører til.
MARGRETE. Håkon tykkes stille – men stærk alligevel. *(livfuldt.)* Stod en langfarende mand her, han skulde kende de to blandt alle de tusende andre.
FRU RAGNHILD. Se, Margrete; Dagfinn Bonde flytter en forgyldt stol frem for Håkon –
MARGRETE. Pål Flida sætter magen til den bag jarlen –
FRU RAGNHILD. Håkons mænd vil hindre det!
MARGRETE. Jarlen holder fast i stolen –!

Fru Ragnhild. Håkon taler vredt til ham – *(flygter med et skrig fra vinduet.)* O, Jesus Kristus! Så du øjnene – og smilet –! Nej, det var ikke jarlen!
Margrete *(som med rædsel har fulgt efter).* Ikke Håkon heller! Hverken jarlen eller Håkon!
Sigrid *(ved vinduet).* O usselt, usselt!
Margrete. Sigrid!
Fru Ragnhild. Er du her!
Sigrid. Så dybt må de lægge vejen nedenom, for at vinde op på kongssædet.
Margrete. O, bed med os, at alt må vendes til det bedste.
Fru Ragnhild *(bleg og forfærdet til Sigrid).* Så du ham –? Så du min husbond –? Øjnene og smilet, – jeg skulde ikke kendt ham.
Sigrid. Ligned han Sigurd Ribbung!
Fru Ragnhild *(sagte).* Ja, han ligned Sigurd Ribbung!
Sigrid. Lo han som Sigurd?
Fru Ragnhild. Ja, ja!
Sigrid. Så får vi alle bede.
Fru Ragnhild *(med fortvivlet styrke).* Jarlen *må* kåres til konge! Han tager skade på sin sjæl, blir han ikke første mand i landet!
Sigrid *(stærkere).* Så får vi alle bede!
Fru Ragnhild. Hys, hvad er det! *(ved vinduet.)* Hvilke råb! Alle mænd har rejst sig; alle bannere og mærker svinger for vinden.
Sigrid *(griber hende om armen).* Bed, kvinde! Bed for din husbond!
Fru Ragnhild. Ja, hellig Olaf, giv ham al magten i dette land!
Sigrid *(vildt).* Ingen – ingen! Ellers frelses han ikke!
Fru Ragnhild. Han *må* have magten. Alt godt i ham vil gro og blomstre, får han den. – Se ud, Margrete! Hør efter! *(viger et skridt tilbage.)* Der løftes alle hænder til ed!
Margrete *(lytter ved vinduet).*
Fru Ragnhild. Gud og hellig Olaf, hvem gælder det?
Sigrid. Bed!
Margrete *(lytter og giver med opløftet hånd tegn til taushed).*
Fru Ragnhild *(om lidt).* Tal!
(Fra thingvolden blæses højt i lur og horn.)

FRU RAGNHILD. Gud og hellig Olaf, hvem galdt det?
(kort ophold.)
MARGRETE *(vender hovedet om og siger)*: Nu tog de Håkon
Håkonssøn til konge.
(Musiken til kongstoget falder ind, først dæmpet, siden nærmere og nærmere. Fru Ragnhild klynger sig grædende op til Sigrid, som fører hende stille ud til højre; Margrete blir ubevægelig stående lænet op til vinduskarmen. Kongens svende åbner de store døre; man ser ind i hallen, som lidt efter lidt fyldes af toget fra thingvolden.)
HÅKON *(vender sig i døren til Ivar Bodde)*. Bring mig skrivefjæren og voks og silke, – pergament har jeg herinde. *(Går i livlig bevægelse frem til bordet og lægger nogle pergamentruller frem.)* Margrete, nu er jeg konge!
MARGRETE. Jeg hilser min herre og konge.
HÅKON. Tak! – *(ser på hende og tager hendes hånd.)* Tilgiv; jeg tænkte ikke på, at det måtte krænke eder.
MARGRETE *(drager hånden til sig)*. Det krænkte mig ikke; – I er visselig kongefødt.
HÅKON *(med liv)*. Ja, må ikke hver mand sige det, som kommer ihug, hvor vidunderligt Gud og de hellige har berget mig mod alt ondt? Årsgammel bar Birkebejnerne mig over fjeldet i frost og uvejr og midt imellem dem, som stod mig efter livet. I Nidaros slap jeg uskadt fra Baglerne den tid de brændte byen og dræbte så mange af vore, mens kong Inge selv med nød frelste sig ombord ved at entre op efter ankertovet.
MARGRETE. I har fristet en hård opvækst.
HÅKON *(ser visst på hende)*. Det bæres mig nu for, at I kunde gjort den mildere.
MARGRETE. Jeg?
HÅKON. I kunde været mig så god en fostersøster alle de år vi vokste op sammen.
MARGRETE. Men det faldt sig ikke slig.
HÅKON. Nej – det faldt sig ikke slig; – vi så på hinanden, hver fra vor krog, men sjelden taltes vi ved – *(utålmodig)* hvor blir han

af? *(Ivar Bodde kommer med skrivesager.)* Er du der; giv hid!
(Håkon sætter sig ved bordet og skriver. Lidt efter kommer Skule
jarl ind; derpå Dagfinn Bonde, bisp Nikolas og Vega Væradal.*)*
HÅKON *(ser op og lader pennen synke).* Herre jarl, véd I hvad jeg her
skriver! *(Jarlen nærmer sig.)* Det er til min moder; jeg takker
hende for alt godt og kysser hende tusende gange – her i
brevet, forstår I. Hun skal sendes øster til Borgasyssel og leve
der med al kongelig ære.
SKULE JARL. I vil ikke beholde hende i kongsgården?
HÅKON. Hun er mig altfor kær, jarl; – en konge må ikke have nogen
om sig, som er ham altfor kær; en konge må handle med frie
hænder, stå alene, ikke ledes, ikke lokkes. Her er så meget at
bøde på i Norge. *(vedbliver at skrive.)*
VEGARD VÆRADAL *(sagte til bisp Nikolas).* Det var *mit* råd, dette med
Inga kongsmoder.
BISP NIKOLAS. Jeg kendte jer straks på rådet.
VEGARD VÆRADAL. Men lige for lige nu.
BISP NIKOLAS. Vent. Jeg holder det jeg lovede.
HÅKON *(giver pergamentet til Ivar Bodde).* Læg det sammen og
bring hende det selv med mange kærlige hilsninger –
IVAR BODDE *(som har kastet et øje i pergamentet).* Herre – allerede
idag, skriver I –!
HÅKON. Nu er vinden god, den stryger leden nedover.
DAGFINN BONDE *(langsomt).* Kom ihug, herre konge, at hun har
ligget natten over på altertrinet i bøn og faste.
IVAR BODDE. Og det turde hænde hun var træt efter jernbyrden.
HÅKON. Sandt nok, sandt nok; – min gode kærlige moder –! *(tar sig
sammen.)* Ja, er hun altfor træt, så venter hun til imorgen.
IVAR BODDE. Eders vilje skal ske. *(lægger et nyt pergament
frem.)* Men så det andet, herre.
HÅKON. Det andet? – Ivar Bodde, jeg kan ikke.
DAGFINN BONDE *(peger på brevet til Inga).* I kunde dog hint.
IVAR BODDE. Alt, hvad syndigt er, må brydes.
BISP NIKOLAS *(som imidlertid har nærmet sig).* Bind jarlens hænder
nu, kong Håkon.

17

HÅKON *(dæmpet)*. Mener I *det* trænges?
BISP NIKOLAS. I får aldrig købt landets fred på billigere vilkår.
HÅKON. Så kan jeg. Hid med pennen! *(skriver.)*
SKULE JARL *(til bispen, der går over til højre)*. I har kongens øre, som det lader.
BISP NIKOLAS. Til gavn for jer.
SKULE JARL. Siger I det?
BISP NIKOLAS. Før kveld vil I takke mig. *(han fjerner sig.)*
HÅKON *(rækker pergamentet frem)*. Læs dette, jarl.
SKULE JARL *(læser, ser forbauset på kongen og siger med halv stemme)*: I bryder alt forhold til Kanga hin unge?
HÅKON. Til Kanga, som jeg har elsket over alt i verden. Fra idag af tør hun aldrig træffes på den vej, hvor kongen går frem.
SKULE JARL. Stort er det, som I der gør, Håkon; – jeg véd godt fra mig selv, hvad det må koste –
HÅKON. Bort må hver den, som er kongen altfor kær. – Bind brevet sammen. *(giver det til Ivar Bodde.)*
BISP NIKOLAS *(bøjer sig over stolen)*. Herre konge, nu vandt I langt frem mod jarlens venskab.
HÅKON *(rækker ham hånden)*. Tak, bisp Nikolas; I rådede mig til det bedste. Bed om en nåde, og den skal vises jer.
BISP NIKOLAS. Vil I?
HÅKON. Det tilsiger jeg eder med mit kongeord.
BISP NIKOLAS. Så gør Vegard Væradal til sysselmand på Hålogaland.
HÅKON. Vegard? Han er fast den troeste ven jeg har; nødig skikkede jeg ham så langt fra mig.
BISP NIKOLAS. Kongens ven bør kongeligt lønnes. Bind jarlen på den vis, som jeg har rådet til, så er I tryg for alle tider.
HÅKON *(tager et pergamentblad)*. Vegard skal have syssel på Hålogaland. *(skrivende.)* Her giver jeg ham mit kongelige brev derpå.
(Bispen fjerner sig.)
SKULE JARL *(nærmer sig bordet)*. Hvad skriver I der?
HÅKON *(rækker ham bladet)*. Læs.
SKULE JARL *(læser og ser visst på kongen)*. Vegard Væradal? På

Hålogaland?

HÅKON. På det nordre, som er ledigt.

SKULE JARL. I mindes da ikke, at Andres Skjaldarband også har syssel der nord? De to er bittre avindsmænd; – Andres Skjaldarband holder sig til mig –

HÅKON *(smiler og rejser sig)*. Og Vegard Væradal til mig. Derfor må de se til at blive forligte jo før jo heller. Der må ingen splid være mellem kongens og jarlens mænd herefterdags.

BISP NIKOLAS. Hm, dette her turde snart gå galt! *(nærmer sig urolig.)*

SKULE JARL. I tænker klogt og dybt, Håkon.

HÅKON *(varm)*. Skule jarl, jeg tog riget fra jer idag, – men lad eders datter dele det med mig!

SKULE JARL. Min datter!

MARGRETE. Gud!

HÅKON. Margrete, – vil I være dronning?

MARGRETE *(tier)*.

HÅKON *(tager hendes hånd)*. Svar mig.

MARGRETE *(sagte)*. Jeg vil gerne være eders hustru.

SKULE JARL *(med et håndslag)*. Fred og forlig af hjertet!

HÅKON. Tak!

IVAR BODDE *(til Dagfinn)*. Himlen være lovet; nu dages det.

DAGFINN BONDE. Jeg tror det næsten. Så godt har jeg aldrig likt jarlen før.

BISP NIKOLAS *(bagved)*. Stadig på vagt, gode Dagfinn, – stadig på vagt.

IVAR BODDE *(til Vegard)*. Nu er I sysselmand på Hålogaland; her har I kongens hånd for det. *(giver ham brevet.)*

VEGARD VÆRADAL. Jeg skal siden takke kongen for hans nåde. *(vil gå.)*

BISP NIKOLAS *(standser ham)*. Andres Skjaldarband er en hård hals, lad jer ikke kue.

VEGARD VÆRADAL. Det har aldrig lykkets for nogen før. *(går.)*

BISP NIKOLAS *(følger efter)*. Vær som fjeld og flint mod Andres Skjaldarband, – og tag min velsignelse med jer forresten.

19

IVAR BODDE, *(som har ventet bag kongen med pergamenterne i hånden).* Her er brevene, herre –
HÅKON. Godt; giv dem til jarlen.
IVAR BODDE. Til jarlen? Vil I ikke sætte seglet for?
HÅKON. Det plejer jo jarlen gøre; – han har seglet.
IVAR BODDE *(dæmpet).* Ja hidindtil, – sålænge han førte værgemålet for eder; – men *nu!*
HÅKON. *Nu* som før; – jarlen har seglet. *(fjerner sig.)*
SKULE JARL. Giv mig brevene, Ivar Bodde. *(Går over til bordet med dem, tager frem rigsseglet, som han bærer gemt i beltet, og forsegler under det følgende.)*
BISP NIKOLAS *(halvlydt).* Håkon Håkonssøn er konge – og jarlen har kongens segl; – det går nok, det går nok.
HÅKON. Hvad siger I, herre bisp?
BISP NIKOLAS. Jeg siger, Gud og Sankt Olaf våger over sin hellige kirke. *(Går ind i kongshallen.)*
HÅKON *(nærmer sig Margrete).* En klog dronning kan virke store ting i landet; eder turde jeg tryggelig kåre, thi jeg véd I er klog.
MARGRETE. Kun *det!*
HÅKON. Hvad mener I?
MARGRETE. Intet, intet, herre.
HÅKON. Og I bærer ikke nag til mig, om I end har sluppet fagre ønsker for min skyld?
MARGRETE. Jeg har ingen fagre ønsker sluppet for eders skyld.
HÅKON. Og I vil stå mig nær, og give mig gode råd.
MARGRETE. Jeg vilde så gerne stå eder nær.
HÅKON. Og give mig gode råd. Tak for det; kvinders råd båder hver mand, og jeg har herefter ingen anden end eder; – min moder måtte jeg sende bort –
MARGRETE. Ja, hun var eder altfor kær.
HÅKON. Og jeg er konge. Farvel da, Margrete! I er så ung endnu; men næste sommer skal vort bryllup stå, – og fra den stund lover jeg at holde eder hos mig i al sømmelig tro og ære.
MARGRETE *(smiler sørgmodigt).* Ja, jeg véd det vil vare længe, før I sender mig bort.

HÅKON *(levende)*. Sende eder bort? Det vil jeg aldrig gøre!
MARGRETE *(med tårefyldte øjne)*. Nej, det gør Håkon kun med dem, som er ham altfor kære. *(Går mod udgangsdøren. Håkon ser tankefuld efter hende.)*
FRU RAGNHILD *(fra højre side)*. Kongen og jarlen så længe herinde! Angsten dræber mig; – Margrete, hvad har kongen sagt og gjort?
MARGRETE. O, så meget! Sidst tog han en sysselmand og en dronning.
FRU RAGNHILD. Du, Margrete!
MARGRETE *(om moderens hals)*. Ja!
FRU RAGNHILD. Du blir dronning!
MARGRETE. Kun dronning; – men jeg tror jeg er glad ved det endda. *(Hun og moderen følges ud til højre.)*
SKULE JARL *(til Ivar Bodde)*. Her er vore breve; bring dem til kongsmoderen og til Kanga. *(Ivar Bodde bøjer sig og går.)*
DAGFINN BONDE *(i salsdøren)*. Erkebispen af Nidaros begærer at måtte bringe kong Håkon Håkonssøn sin hylding!
HÅKON *(ånder affuldt bryst)*. Endelig er jeg da konge i Norge. *(Går ind i hallen.)*
SKULE JARL *(gemmer kongens segl i beltet)*. Men *jeg* råder land og rige. *Teppet falder.*

ANDEN AKT

(Gildehallen i Bergens kongsgård. Et stort buevindu midt på bagvæggen. Langsmed denne er en forhøjning med sæder for kvinderne. Ved den venstre langvæg står kongsstolen nogle trin over gulvet; midt på den modsatte væg stor indgangsdør. Bannere, mærker, skjolde og våben samt brogede tepper hænger ned fra vægstolperne og fra det udskårne træloft. Rundtom i hallen står drikkeborde med kander, horn og bægre.)
(Kong Håkon sidder på forhøjningen hos Margrete, Sigrid, Fru Ragnhild og mange fornemme kvinder. Ivar Bodde står bag kongens stol. Om drikkebordene er kongens og jarlens mænd samt gæster

bænkede. *Ved det fremste bord til højre sidder blandt andre Dagfinn Bonde, Gregorius Jonssøn og Pål Flida. Skule jarl og bisp Nikolas spiller bretspil ved et bord til venstre. Jarlens husfolk går fra og til og bærer drikkesager frem. Fra en tilstødende stue høres musik under de følgende optrin.)*

DAGFINN BONDE. Nu lider det alt på femte dagen, og endda er madsvendene lige rappe til at sætte de fyldte krus frem.

PÅL FLIDA. Det var aldrig jarlens vis at svelte sine gæster.

DAGFINN BONDE. Nej, det ser slig ud. Så gildt et kongsbryllup har ikke været spurgt i Norge før.

PÅL FLIDA. Skule jarl har heller ikke giftet bort nogen datter før.

DAGFINN BONDE. Sandt nok; jarlen er en mægtig mand.

EN HIRDMAND. Sidder inde med tredjedelen af riget. Det er mere, end nogen jarl havde før i tiden.

PÅL FLIDA. Kongens del er dog større.

DAGFINN BONDE. Det snakker vi ikke om her; nu er vi venner og vel forligte. *(drikker Pål til.)* Lad så kongen være konge og jarlen jarl.

PÅL FLIDA *(ler).* Grejdt høres det på dig, at du er kongsmand.

DAGFINN BONDE. Det pligter også jarlsmændene at være.

PÅL FLIDA. Aldrig det. Vi har svoret *jarlen* ed, men ikke kongen.

DAGFINN BONDE. Det kan ske endnu.

BISP NIKOLAS *(dæmpet til jarlen under spillet).* Hører I, hvad Dagfinn Bonde siger?

SKULE JARL *(uden at se op).* Jeg hører nok.

GREGORIUS JONSSØN *(ser visst på Dagfinn).* Tænker kongen på sligt?

DAGFINN BONDE. Nå nå, – lad fare; – ingen splid idag.

BISP NIKOLAS. Kongen vil tage eders mænd i ed, jarl.

GREGORIUS JONSSØN *(stærkere).* Tænker kongen på sligt, spørger jeg?

DAGFINN BONDE. Jeg svarer ikke. Lad os drikke på fred og venskab mellem kongen og jarlen. Øllet er godt.

PÅL FLIDA. Det har også fået god tid til at ligge.

GREGORIUS JONSSØN. Tre gange har jarlen beredt bryllupet, tre gange lovede kongen at komme, – tre gange svigtede han.

DAGFINN BONDE. Last jarlen for *det*; han gav os fuldt op at tage vare
i *viken*.
PÅL FLIDA. Sigurd Ribbung gav jer nok mere at tage vare i
Vermeland, efter hvad der siges.
DAGFINN BONDE *(opfarende)*. Ja, hvem var det, som slap Sigurd
Ribbung løs?
GREGORIUS JONSSØN. Sigurd Ribbung rømte fra os i Nidaros, det
er vitterligt for alle.
DAGFINN BONDE. Men det er ikke vitterligt for nogen, at I hindrede
ham.
BISP NIKOLAS *(til jarlen, der betænker sig på et træk)*. Hører I, jarl, –
det var jer, som slap Sigurd Ribbung.
SKULE JARL *(trækker)*. Den vise er gammel.
GREGORIUS JONSSØN *(til Dagfinn)*. Jeg tænkte dog, du havde hørt om
Islændingen, Andres Torstejnssøn, Sigurd Ribbungs ven –
DAGFINN BONDE. Ja; da Sigurd var rømt, hængte I Islændingen, det
véd jeg.
BISP NIKOLAS *(trækker og siger leende til jarlen)*. Nu slår jeg
bonden, herre jarl.
SKULE JARL *(lydt)*. Slå ham; en bonde gælder ikke stort.
(flytter en brikke.)
DAGFINN BONDE. Nej, det fik Islændingen sande, den tid
Sigurd Ribbung rømte til Vermeland.
*(Undertrykt latter mellem kongsmændene; samtalen fortsættes
dæmpet; straks efter kommer en mand ind og hvisker til
Gregorius Jonssøn.)*
BISP NIKOLAS. Og så trækker jeg hid; og så har I tabt.
SKULE JARL. Det lader så.
BISP NIKOLAS *(lægger sig tilbage i stolen)*. I værgede ikke godt om
kongen på det sidste.
SKULE JARL *(stryger brikkerne overende og rejser sig)*. Jeg er
længesiden træt af at være kongsværge.
GREGORIUS JONSSØN *(nærmer sig og siger dæmpet)*. Herre jarl,
Jostejn Tamb lader melde, at nu ligger skibet klar til at gå under
sejl.

SKULE JARL *(sagte).* Godt. *(tager et forseglet pergament frem.)* Her er brevet.

GREGORIUS JONSSØN *(ryster på hovedet).* Jarl, jarl, – er *det* rådeligt?

SKULE JARL. Hvilket?

GREGORIUS JONSSØN. Kongens segl er for.

SKULE JARL. Det er til kongens bedste jeg handler.

GREGORIUS JONSSØN. Så lad kongen selv vise tilbudet fra sig.

SKULE JARL. Det gør han ikke, om han får råde. Al hans hug og tanke er rettet på at kue Ribbungerne, derfor vil han sikre sig på andre kanter.

GREGORIUS JONSSØN. Klogt kan det være, det som I her gør, – men det er farligt.

SKULE JARL. Lad mig om det. Bring brevet, og sig Jostejn, at han sejler straks.

GREGORIUS JONSSØN. Det skal ske, som I byder.

(går ud til højre og kommer ind igen om lidt.)

BISP NIKOLAS *(til jarlen).* I har mangt at skøtte, lader det til.

SKULE JARL. Men liden tak for det.

BISP NIKOLAS. Kongen har rejst sig.

(Håkon kommer nedover; alle mænd står op fra bordene.)

HÅKON *(til bispen).* Højlig må det glæde os, hvor frisk og stærk I har holdt ud i alle disse lystige dage.

BISP NIKOLAS. Det blaffrer op engang imellem, herre konge; men længe varer det nok ikke. Jeg har ligget syg hele vinteren udover.

HÅKON. Ja, ja, – I har levet et stærkt liv, rigt på mangen rygtbar gerning.

BISP NIKOLAS *(ryster på hovedet).* Å, der er måde med det; jeg har mangt ugjort endnu. Den som vidste, om en fik tid til det altsammen.

HÅKON. De levende får tage arv efter dem, som går bort, ærværdige herre; alle vil vi jo det bedste for land og folk. *(vender sig til jarlen.)* Et undrer mig højlig; ingen af vore sysselmænd på Hålogaland er mødt frem til bryllupet.

SKULE JARL. Sandt nok; Andres Skjaldarband havde jeg så sikkert ventet.

HÅKON *(smilende).* Og Vegard Væradal også.

SKULE JARL. Også Vegard, ja.

HÅKON *(spøgende).* Og jeg håber, I havde taget bedre imod min gamle ven nu, end for syv år siden på Oslo brygge, da I stak ham i kinden, så sværdet skar sig selv ud.

SKULE JARL *(ler tvungent).* Ja, dengang Gunnulf, eders morbroder, hug højre hånd af Sira Ejliv, min bedste ven og rådgiver.

BISP NIKOLAS *(muntert).* Og da Dagfinn Bonde og hirdmændene satte stærk nattevagt på kongsskibet, og sagde, at kongen var utryg i jarlens værge!

HÅKON *(alvorligt).* De dage er gamle og glemte.

DAGFINN BONDE *(nærmer sig).* Nu kan der blæses til våbenlegen nede på volden, hvis det lyster eder, herre.

HÅKON. Godt. Idag vil vi tage al glæde med; imorgen får vi begynde igen at tænke på Ribbungerne og Orknøjarlen.

BISP NIKOLAS. Ja, han nægter jo at svare skatten?

HÅKON. Havde jeg Ribbungerne vel fra halsen, så foer jeg selv vestover.

(Håkon går op mod forhøjningen, rækker Margrete hånden og fører hende ud til højre; lidt efter lidt følger de øvrige efter.)

BISP NIKOLAS *(til Ivar Bodde).* Hør lidt her. Hvem er den mand, som heder Jostejn Tamb?

IVAR BODDE. Her er en farmand fra Orknø, som heder slig.

BISP NIKOLAS. Fra Orknø? Ja så. Og nu sejler han hjem?

IVAR BODDE. Ja, han gør nok det.

BISP NIKOLAS *(sagtere).* Med dyr ladning, Ivar Bodde!

IVAR BODDE. Korn og klæde, tror jeg.

BISP NIKOLAS. Og et brev fra Skule jarl.

IVAR BODDE *(studser).* Til hvem?

BISP NIKOLAS. Véd ikke; – der var kongsegl for –

IVAR BODDE *(griber ham om armen).* Herre bisp, – er det som I siger!

BISP NIKOLAS. Hys, bland ikke mig op i den sag. *(fjerner sig.)*

IVAR BODDE. Da må jeg straks –! Dagfinn Bonde!

Dagfinn, Dagfinn –! *(trænger sig gennem mængden ved udgangsdøren.)*
BISP NIKOLAS *(deltagende til Gregorius Jonssøn).* Ingen dag uden en eller anden fanger ulempe på gods og frihed!
GREGORIUS JONSSØN. Hvem gælder det nu?
BISP NIKOLAS. En stakkels farmand, – Jostejn Tamb synes jeg de kaldte ham.
GREGORIUS JONSSØN. Jostejn –?
BISP NIKOLAS. Dagfinn Bonde vil nægte ham at sejle.
GREGORIUS JONSSØN. Vil Dagfinn nægte ham, siger I?
BISP NIKOLAS. Ret nu gik han.
GREGORIUS JONSSØN. Tilgiv, herre, jeg må skynde mig –
BISP NIKOLAS. Ja, gør det, gode lendermand; – Dagfinn Bonde er så ilsindet.

(Gregorius Jonssøn iler ud til højre blandt resten af de tilstedeværende; kun Skule jarl og bisp Nikolas bliver tilbage i hallen.)

SKULE JARL *(går tankefuld op og ned; pludselig er det ligesom han vågner; han ser sig om og siger)*: Hvor stilt her blev med engang.
BISP NIKOLAS. Kongen gik.
SKULE JARL. Og alle mænd fulgte ham efter.
BISP NIKOLAS. Alle, undtagen vi.
SKULE JARL. Det er noget stort, det, at være konge.
BISP NIKOLAS *(forsigtig).* Gad I prøve det, jarl?
SKULE JARL *(smiler alvorligt).* Jeg *har* prøvet det; hver søvnsvanger nat er jeg konge i Norge.
BISP NIKOLAS. Drømme varsler.
SKULE JARL. De frister også?
BISP NIKOLAS. Neppe jer. Før i tiden, det kan jeg skønne; – men nu, da I har tredjedelen af riget, råder som første mand i landet og er dronningens fader –
SKULE JARL. Mest nu, – mest nu.
BISP NIKOLAS. Dølg intet! Skrift; thi I bærer visselig på en stor kval.
SKULE JARL. Mest nu, som jeg siger. *Det* er den store forbandelse, som ligger over alt mit liv, dette, at stå det højeste

så nær – bare et slug imellem – et spring over, – på den anden side er kongsnavn og purpurkåbe og trone og magt og alt; daglig har jeg det for øje – men vinder aldrig over.

BISP NIKOLAS. Sandt, sandt, jarl.

SKULE JARL. Da de tog Guthorm Sigurdssøn til konge, stod jeg i min ungdoms fuldeste kraft; da var det som det skreg lydt i mig: væk med barnet, – *jeg* er den voksne, stærke mand! – men Guthorm var kongssøn; der lå et slug mellem mig og tronen.

BISP NIKOLAS. Og I vovede ikke –

SKULE JARL. Så blev Erling Stejnvæg hyldet af Slittungerne. Da skreg det i mig igen: Skule er en større høvding end Erling Stejnvæg! Men jeg måtte brudt med Birkebejnerne, – *det* var sluget dengang.

BISP NIKOLAS. Og Erling blev konge for Slittungerne, og for Ribbungerne siden, og I ventede!

SKULE JARL. Jeg ventede på Guthorms død.

BISP NIKOLAS. Og Guthorm døde, og Inge Bårdssøn, eders broder, blev konge.

SKULE JARL. Så ventede jeg på min broders død. Han var syg fra første færd af; hver morgen, når vi mødtes i den hellige messe, sad jeg og skottede efter, om ikke sotten tog til. Hvert drag af smerte, som strøg over hans ansigt, var mig som et vindpust i sejlet og bar mig nærmere mod tronen. Hvert suk, han lettede sin ve og vånde i, lød for mig, som horn og lur langt bortunder liderne, som sendebud, der kom langvejs fra for at melde, at nu fik jeg snart tage rigsstyret. Slig rykkede jeg hver kærlig brodertanke op med rod og trevler; og Inge døde og Håkon kom, – og Birkebejnerne tog *ham* til konge.

BISP NIKOLAS. Og I ventede.

SKULE JARL. Mig tykkedes der måtte komme hjælp ovenfra. Jeg kendte kongskraften i mig, og jeg ældedes; hver dag, der gik, var en dag, som toges bort fra min livsgerning. Hver kveld tænkte jeg: imorgen sker der et jertegn, som fælder ham og sætter mig på det tomme sæde.

BISP NIKOLAS. Ringe var Håkons magt dengang; han var kun et

barn; det galdt ikke andet, end et skridt af eder, men I tog det
ikke.
SKULE JARL. Det skridt var svært at tage; det havde skilt mig fra al
min slægt og fra alle venner.
BISP NIKOLAS. Ja, *der* er sagen, Skule jarl, – *der* er
forbandelsen, som har ligget over eders liv. I vil vide hver vej
åben i nødsfald, – I vover ikke at bryde alle broer af og kun
beholde én igen, værge den alene, og sejre eller falde *der*. I
stiller snarer for eders uven, I bygger fælde for hans fod og
hænger hvasse sværd over hans hoved, I strør gift i alle fade og
I har hundrede garn ude; men vil han ind i et af dem, så vover I
ikke at trække i tråden; griber han efter giften, så tykkes det jer
tryggere, at han falder for sværd; er han ved at lade sig fange
om morgenen, så finder I det bedre, at det sker ved kveldstid.
SKULE JARL *(ser alvorligt på ham)*. Og hvad vilde I gøre, herre bisp?
BISP NIKOLAS. Tal ikke om mig; min gerning er at
tømre kongsstolene i dette land, ikke at sidde deroppe og styre
folk og rige.
SKULE JARL *(efter et kort ophold)*. Svar mig på ét, ærværdige herre,
men svar mig med al sandhed. Hvorfor går Håkon så
uryggelig frem på den lige vej? Han er ikke kløgtigere end I,
ikke djærvere end jeg.
BISP NIKOLAS. Hvem gør den største gerning i verden?
SKULE JARL. Det gør den største mand.
BISP NIKOLAS. Men hvem er den største mand?
SKULE JARL. Den modigste.
BISP NIKOLAS. Så siger høvdingen. En prest vilde sige, det er den
mest troende, – en vismand, at det er den kyndigste. Men det er
ingen af dem, jarl. Den *lykkeligste* mand er den største mand.
Den lykkeligste er det, som gør de største gerninger, *han*, hvem
tidens krav kommer over ligesom i brynde, avler tanker, dem
han ikke selv fatter, og som pegerfor ham på den vej, han ikke
selv véd hvor bær hen, men som han dog går og *må* gå, til han
hører folket skrige i glæde, og han ser sig om med spilte øjne og
undrer sig og skønner, at han har gjort et storværk.

SKULE JARL. Ja, der er dette uryggelig sikre ved Håkon.
BISP NIKOLAS. Det er *det*, som Romerne kaldte ingenium. – Jeg er ikke stiv i latinen forresten; men det kaldtes ingenium.
SKULE JARL *(først tankefuld, siden i stigende bevægelse)*. Håkon skulde være skabt af et andet stof end jeg? Være af de lykkelige? – Ja, trives ikke alting for ham? Føjer ikke alting sig til det bedste, når det gælder ham? Selve bonden mærker det; han siger, at træerne bær togange frugt, og fuglene ruger æg togange hver sommer, mens Håkon er konge.Vermelandsbygden, som han brændte og hærgede, den står og lyser med tømrede huse igen, og alle akre svinger tungt for vinden. Det er som blodet og asken gødsler, der Håkon farer frem i hærfærd; det er som Herren dækker over med grøde, hvad Håkon tramper ned; det er som de hellige magter skynder sig at slette ud hver skyld efter ham. Og hvor let gik han ikke til at blive konge! Han trængte til at Inge skulde dø tidligt, og Inge døde; han trængte til værn og værge, og hans mænd værnede og værgede ham; han trængte til jernbyrd, og hans moder kom og bar den for ham.
BISP NIKOLAS *(i uvilkårligt udbrud)*. Men vi – vi to –!
SKULE JARL. Vi?
BISP NIKOLAS. Ja I – I da!
SKULE JARL. Håkon har retten, bisp.
BISP NIKOLAS. Har han retten, fordi han er den lykkelige; – den største lykke er *den*, at have retten. Men med hvilken ret fik Håkon retten og ikke I?
SKULE JARL *(efter et kort ophold)*. Der er ting, som jeg vil bede Gud frelse mig fra at tænke på.
BISP NIKOLAS. Så I aldrig et gammelt billede i Nidaros kristkirke? Det viser syndfloden, som vokser og højner sig op over alle berge, så der kun er en eneste tind igen. Opover der klyver en hel slægt, fader og moder og søn og søns hustru og børn; – og sønnen river faderen ned i vandflommen for at vinde bedre fæste, og han vil rive moderen med, og hustru og alle børn, for at vinde op til toppen selv; – thi deroppe er en

fodsbred land, *der* kan han holde sig en time. – Det, jarl, det er visdommens saga og hver vismands saga.

SKULE JARL. Men retten!

BISP NIKOLAS. Sønnen *havde* retten. Han havde styrke og lyst til livet; – føj din lyst og brug din evne, den ret har hvermand.

SKULE JARL. Til det, som godt er, ja.

BISP NIKOLAS. Leg og spil med ord! Der gives ikke godt og ondt, ikke op og ned, ikke højt og lavt. Slige ord må I glemme, ellers gør I aldrig det sidste skridt, sætter aldrig over sluget.*(dæmpet og indtrængende.)* I skal ikke hade flok eller sag, fordi flokken eller sagen vil *dette* og ikke *hint*; men I skal hade hver mand i flokken, fordi han er eder imod, og I skal hade hver den, som står rundt om en sag, fordi sagen ikke fremmer eders vilje. Alt det, som I kan bruge, det er godt, – alt det, som lægger bråte på eders vej, det er ondt.

SKULE JARL *(ser grublende frem for sig)*. Hvad har ikke jeg kostet på den kongsstol, som jeg dog ikke rak op til; – og hvad har Håkon kostet på den, han, som nu sidder der så tryg! Jeg var ung og slap min fagre lønlige kærlighed, for at gifte mig ind i en mægtig æt. Jeg bad til de hellige, at der måtte skænkes mig en søn, – jeg fik kun døtre.

BISP NIKOLAS. *Håkon* får sønner, jarl, – se til!

SKULE JARL *(går over mod vinduet til højre)*. Ja, – alt føjer sig for Håkon.

BISP NIKOLAS *(følger efter ham)*. Og I, I vil lade jer jage fredløs fra lykken alt eders liv igennem! Er I da blind? Ser I ikke, at det er en stærkere magt end Birkebejnerflokken, som står bagved Håkon og fremmer al hans gerning? Han får hjælpen deroppefra, fra dem – dem, som står eder imod – fra dem, som var eders avindsmænd fra fødselen af! Og for disse avindsmænd bøjer I eder! Rejs jer, mand; skyd ryg! Hvad fik I ellers eders ubændige sjæl til? Kom ihug, at det første storværk i verden blev øvet af en, som rejste sig mod et stærkt rige!

SKULE JARL. Hvem?

BISP NIKOLAS. Engelen, som rejste sig mod lyset!

SKULE JARL. Og som blev slængt i afgrundens gab –
BISP NIKOLAS *(vildt)*. Og skabte et rige der, og blev konge, en
mægtig konge, – mægtigere end nogen af de titusende – jarler
deroppe! *(synker ned på bænken ved drikkebordet.)*
SKULE JARL *(ser længe på ham og siger)*: Bisp Nikolas, er I noget
mere eller noget mindre end et menneske?
BISP NIKOLAS *(smiler)*. Jeg er i uskyldighedsstand: jeg kender ikke
forskel mellem godt og ondt.
SKULE JARL *(halvt til sig selv)*. Hvorfor satte de mig ind i verden, når
de ikke vilde stelle det bedre for mig? Håkon har så fast og
uryggelig en tro på sig selv, – alle hans mænd har så fast og
uryggelig en tro på ham –
BISP NIKOLAS. Dølg, at I ikke har slig tro på eder selv! Tal, som om I
havde den; sværg højt og dyrt på, at I har den, – og alle vil tro på
jer.
SKULE JARL. Havde jeg en søn! Havde jeg en søn, som kunde tage al
den store arv efter mig!
BISP NIKOLAS *(livfuldt)*. Jarl – hvis I havde en søn?
SKULE JARL. Jeg har ingen.
BISP NIKOLAS. Håkon får sønner.
SKULE JARL *(knuger hænderne)*. Og er kongefødt!
BISP NIKOLAS *(rejser sig)*. Jarl, – hvis han ikke var det?
SKULE JARL. Han har jo godtgjort det; jernbyrden –
BISP NIKOLAS. Og hvis han ikke var det – trods jernbyrden?
SKULE JARL. Vil I sige, at Gud løj, da han lod jernbyrden lykkes?
BISP NIKOLAS. Hvad var det Inga fra Vartejg trøstede sig til at æske
Gudsdom for?
SKULE JARL. At det barn, hun fødte øster i Borgasyssel, var Håkon
Sverressøns søn.
BISP NIKOLAS *(nikker, ser sig om og siger sagte)*: Og hvis nu kong
Håkon ikke var dette barn?
SKULE JARL *(farer et skridt tilbage)*. Almægtige –! *(fatter sig.)* Det er
utænkeligt.
BISP NIKOLAS. Hør mig, jarl. Jeg er seks og syvti år; det tar til at
bære brat nedover bakke nu, og denne sag drister jeg mig ikke

til at tage med derover –
SKULE JARL. Tal, tal! Er han ikke Håkon Sverressøns søn?
BISP NIKOLAS. Hør mig. Det gjordes ikke vitterligt for nogen, den tid Inga var med barn. Håkon Sverressøn var nylig død, og sagtens frygtede hun for Inge Bårdssøn, som da var konge, og for eder, – nå ja, for Baglerne med, kan jeg tænke. Hun fødte lønligt i Trond prests hus, øster i Heggen herred, og ni dage efter rejste hun hjem; men kongsbarnet blev et helt år hos presten, uden at hun turde se til det, og uden at nogen vidste det, undtagen Trond og hans to sønner.
SKULE JARL. Ja, ja, – og så?
BISP NIKOLAS. Da barnet var årsgammelt kunde det ikke godt dølges længere. Inga røbede da sagen for Erlend af Huseby, – en gammel Birkebejner fra Sverres tider – véd I.
SKULE JARL. *Nu?*
BISP NIKOLAS. Han og andre høvdinger fra Oplandene tog barnet, rejste midtvinters over fjeldet med det, og bragte det til kongen, som den tid sad i Nidaros.
SKULE JARL. Og endda kan I sige, at –?
BISP NIKOLAS. Stor fare kan I vel skønne det måtte være for en ringe prest at fostre et kongsbarn. Straks barnet var født, skriftede han derfor for en af sine overmænd i kirken og spurgte om hans råd. Denne hans overmand bød da Trond lønligt at forbytte barnet, sende den rette kongssøn til et trygt sted og give Inga den urette, om hun eller Birkebejnerne siden krævede kongssønnen.
SKULE JARL *(oprørt).* Og hvem var den hund, som rådede til sligt?
BISP NIKOLAS. Det var mig.
SKULE JARL. I? Ja, I har altid hadet Sverres æt.
BISP NIKOLAS. Utrygt tyktes det mig for kongssønnen at komme i eders hænder.
SKULE JARL. Men presten?
BISP NIKOLAS. Lovede at gøre, som jeg bød.
SKULE JARL *(griber ham om armen).* Og Håkon er den urette?
BISP NIKOLAS. Hvis presten har holdt sit løfte.

SKULE JARL. *Hvis* han har holdt det?
BISP NIKOLAS. Trond prest rejste fra landet samme vinter barnet kom til kong Inge. Han foer til Thomas Becketts grav, og blev siden i England til han døde.
SKULE JARL. Han rejste fra landet, siger I! Da har han forbyttet barnet og frygtet hævn af Birkebejnerne.
BISP NIKOLAS. Eller han har *ikke* forbyttet det, og frygtet hævn af *mig.*
SKULE JARL. Hvilken af delene tror I?
BISP NIKOLAS. Begge dele er lige trolige.
SKULE JARL. Men prestesønnerne, som I nævnte?
BISP NIKOLAS. De gik med korsfarerne til det hellige land.
SKULE JARL. Og ingen har spurgt til dem siden?
BISP NIKOLAS. Jo.
SKULE JARL. Hvor er de?
BISP NIKOLAS. De druknede i Grækerhavet på udrejsen.
SKULE JARL. Og Inga –?
BISP NIKOLAS. Véd intet, hverken om prestens skrifte eller om mit råd.
SKULE JARL. Hendes barn var kun ni dage, da hun rejste, sagde I?
BISP NIKOLAS. Ja; og det barn, hun så igen, var over årsgammelt –
SKULE JARL. Så er der ingen i verden, som kan lyse op her! *(går nogle gange stærkt op og ned.)* Almægtige Gud, kan dette være sandhed? Håkon – kongen – han, som styrer over alt land og rige, han skulde ikke være den odelsbårne! – Og hvorfor er det ikke rimeligt nok? Har ikke alt held vidunderligt fulgt ham, – – hvorfor da ikke også det, at tages som barn ud af en fattig kotkarls hus og lægges i kongsbarnets vugge –
BISP NIKOLAS. Mens hele folket tror, han er kongens søn –
SKULE JARL. Mens *han selv* tror det, bisp, – *det* er det meste af lykken, *det* er styrkebeltet! *(går til vinduet.)* Se, hvor fager han sidder på hesten. Ingen sidder som han. Det ler og glitrer som solskin i hans øjne, han ser udad i dagen, som om han vidste sig skabt til at gå fremad, altid fremad. *(vender sig om mod bispen.)* Jeg er en kongsarm, kan hænde et kongshoved også;

men han er den hele konge.

BISP NIKOLAS. Og er det kanske endda ikke.

SKULE JARL. Nej, – kanske endda ikke.

BISP NIKOLAS *(lægger hånden på hans skulder).* Jarl, hør mig –

SKULE JARL *(vedbliver at se ud).* Der sidder dronningen. Håkon taler mildt til hende; hun blir rød og bleg af glæde. Han tog hende til hustru, fordi det var klogt at kåre datteren af den mægtigste mand i landet. Der var ikke en varm tanke i hans hjerte for hende dengang; – men det vil komme; Håkon har lykken med sig. Hun vil lyse over hans liv *–(standser og udbryder forundret:)* Hvad er det?

BISP NIKOLAS. Hvilket?

SKULE JARL. Dagfinn Bonde brød voldsomt gennem flokken, som står rundt om. Nu melder han noget for kongen.

BISP NIKOLAS *(ser ud bag ved jarlen).* Håkon tykkes at blive vred; – gør han ikke? Han knytter hånden –

SKULE JARL. Han ser herop, – hvad kan det være? *(vil gå.)*

BISP NIKOLAS *(holder ham tilbage).* Jarl, hør mig, – der turde findes et middel til at blive viss på Håkons ret.

SKULE JARL. Et middel, siger I?

BISP NIKOLAS. Trond prest har før han døde opsat et brev om sin fremfærd og taget sakramentet på, at det han der skriver, er sandt.

SKULE JARL. Og dette brev, – for Guds barmhjertigheds skyld, – hvor er det?

BISP NIKOLAS. I må da vide, at – *(ser mod døren.)* Hys, kongen kommer!

SKULE JARL. Brevet, bisp, – brevet!

BISP NIKOLAS. Der er kongen.

(Håkon kommer ind, fulgt af sin hird og mange gæster. Straks derefter viser Margrete sig; hun er i ængstelig bevægelse og vil ile frem til kongen, men hindres af Fru Ragnhild, som med flere kvinder har fulgt hende. Sigrid holder sig lidt for sig selv opimod baggrunden. Jarlens mænd synes urolige og samler sig i flok på højre side, hvor Skule står, men noget tilbage.)

HÅKON *(i stærkt indre oprør).* Skule jarl, hvem er konge i dette land?
SKULE JARL. Hvem der er konge?
HÅKON. Så spurgte jeg. Jeg har kongsnavnet, men hvem har kongsmagten?
SKULE JARL. Kongsmagten bør være der, hvor kongsretten er.
HÅKON. Så burde det være; men er det så?
SKULE JARL. Stævner I mig her tildoms?
HÅKON. Det gør jeg; thi den ret har jeg mod hver mand i riget.
SKULE JARL. Jeg trøster mig til at svare for mine gerninger.
HÅKON. Godt for os alle, hvis så er. *(stiger et trin op hvor kongestolen står, og støtter sig til stolarmen.)* Her står jeg som eders konge og spørger: véd I, at Jon jarl på Orknø har rejst sig mod mig?
SKULE JARL. Ja.
HÅKON. At han nægter at betale mig skatten?
SKULE JARL. Ja.
HÅKON. Og er det sandt, at I, herre jarl, idag har skikket brev til ham?
SKULE JARL. Hvem siger så?
IVAR BODDE. Så siger jeg.
DAGFINN BONDE. Jostejn Tamb turde ikke nægte at tage det med, siden kongens segl var for.
HÅKON. I skriver til kongens uvenner og sætter kongens segl for, skjønt kongen ikke véd, hvad der står skrevet!
SKULE JARL. Så har jeg gjort i mange år med eders minde.
HÅKON. Ja, den tid, I førte værgemålet for mig.
SKULE JARL. Aldrig har I havt skade deraf. Jon jarl skrev mig til og bad om min mellemkomst; han bød forlig, men på uhæderlige vilkår for kongen. Vermelandstoget har sært trykket eders sind; havde I selv fået handle nu, så var Jon jarl sluppet for let, – jeg kan grejde sagen bedre.
HÅKON. Vi ønskede helst at grejde sagen selv. – Og hvad har I svaret?
SKULE JARL. Læs mit brev.
HÅKON. Giv hid!

SKULE JARL. Jeg tænkte I havde det?
DAGFINN BONDE. I véd visst bedre end så. Gregorius Jonssøn var rappere på foden; da vi kom ombord, var brevet borte.
SKULE JARL *(vender sig til Gregorius Jonssøn).* Herr lendermand, giv kongen brevet.
GREGORIUS JONSSØN *(nærmer sig urolig).* Hør mig –!
SKULE JARL. Hvad nu?
GREGORIUS JONSSØN *(dæmpet).* I vil mindes, der stod skrevet hvasse ord om kongen.
SKULE JARL. Dem skal jeg vide at svare for. Brevet!
GREGORIUS JONSSØN. Jeg har det ikke.
SKULE JARL. I har det ikke!
GREGORIUS JONSSØN. Dagfinn Bonde var i hælene på os. Jeg greb brevet fra Jostejn Tamb, bandt en sten til det –
SKULE JARL. Nu?
GREGORIUS JONSSØN. Det ligger på bunden af fjorden.
SKULE JARL. Ilde – ilde har I der handlet.
HÅKON. Jeg venter på brevet, herre jarl!
SKULE JARL. Jeg kan ikke lægge det frem.
HÅKON. I *kan* ikke?
SKULE JARL *(går et skridt nærmere mod kongen).* Jeg er for stolt til at skyde mig ind under, hvad I og eders mænd vilde kalde for udflugter –
HÅKON *(tvinger sin opbrusende vrede).* Og så –?
SKULE JARL. Kort og godt; – jeg lægger det ikke frem; – jeg *vil* ikke lægge det frem!
HÅKON. I trodser mig altså!
SKULE JARL. Hvis det ikke kan være andet, – nu ja, jeg trodser eder.
IVAR BODDE *(stærkt).* Nu, herre konge, nu tænker jeg ikke nogen mand har mere vidnesbyrd behov!
DAGFINN BONDE. Nej, nu tænker jeg, vi kender jarlens sindelag.
HÅKON *(koldt til jarlen).* Vil I give kongsseglet til Ivar Bodde.
MARGRETE *(iler med foldede hænder frem mod forhøjningen, hvor kongen står).* Håkon, vær mig en mild og nådig husbond!
HÅKON *(gør en bydende armbevægelse mod hende; hun skjuler*

ansigtet i sit slør og går opover mod moderen igen.)
SKULE JARL (til Ivar Bodde). Her er kongsseglet.
IVAR BODDE. Dette skulde være gildets sidste kveld. Det endte med
en tung sorg for kongen; men det måtte komme slig engang, og
jeg mener, hver trofast mand må glæde sig ved, at det kom.
SKULE JARL. Og jeg mener, hver trofast mand må harmes dybt over,
at en prest på slig vis stiller sig mellem os Birkebejnere; – ja, jeg
siger Birkebejnere, thi jeg er Birkebejner fuldt så godt som
kongen og hans mænd. Jeg er af samme æt, Sverres æt,
kongsætten, – men I, prest, I har bygget en mur af mistro rundt
om kongen og stængt mig ude fra ham; det har været eders
gerning i mange år.
PÅL FLIDA (opægget til de omstående). Jarlsmænd! Skal vi tåle sligt
længere?
GREGORIUS JONSSØN (træder frem). Nej, vi kan ikke og vil ikke tåle
det længer. Her må det siges lydt, – ingen af jarlens mænd kan
tjene kongen med fuld tro og kærlighed, sålænge Ivar Bodde
går ind og ud i kongsgården og lægger ondt for os.
PÅL FLIDA. Prest! Jeg undsiger dig på liv og lemmer, hvor jeg træffer
dig, på fri mark, ombord, eller i uhelligt hus!
MANGE JARLSMÆND. Jeg også! Jeg også! Du skal være fredløs for os!
IVAR BODDE. Gud forbyde, at jeg skulde stå mellem kongen og så
mange mægtige høvdinger. – Håkon, min høje herre, jeg véd
med mig selv, at jeg har tjent eder med al troskab. Jarlen har jeg
varet jer imod, det er sandt; men hvis jeg nogen tid gjorde
ham uret, da får Gud forlade mig det. Nu er der ikke mere for
mig at gøre i kongsgården; her er ederssegl; tag det i egne
hænder; for længe siden skulde det ligget der.
HÅKON (der er stegen ned fra forhøjningen). I bliver!
IVAR BODDE. Jeg kan ikke. Samvittigheden vilde bide og nage mig
nat og dag, om jeg gjorde det. Større ulykke kan ingen mand
volde i disse tider, end at stille sig mellem kongen og jarlen.
HÅKON. Ivar Bodde, jeg byder dig at blive!
IVAR BODDE. Om den hellige kong Olaf stod op af sølvkisten og bød
mig blive, så måtte jeg dog gå nu. (lægger seglet i kongens

37

hånd.) Farvel, min ædle herre! Gud fremme og signe al eders gerning!
(Går mellem mængden ud til højre.)
HÅKON (mørk, til jarlen og hans mænd). Der mistede jeg en trofast ven for eders skyld; stort vederlag må I byde, skal I veje tabet op.
SKULE JARL. Jeg byder mig selv og alle mine.
HÅKON. Næsten er jeg ræd der må mere til. Jeg trænger nu til at samle om mig alle dem, som jeg fuldt kan lide på. Dagfinn Bonde, lad straks gå bud nordover til Hålogaland; Vegard Væradal skal kaldes her ned igen.
DAGFINN BONDE (der har stået noget tilbage i samtale med en rejseklædt mand, som er trådt ind i hallen, nærmer sig og siger rystet): Vegard kan ikke komme, herre.
HÅKON. Hvoraf véd du det?
DAGFINN BONDE. Ret nu er her bud om ham.
HÅKON. Hvad melder det?
DAGFINN BONDE. At Vegard Væradal er dræbt.
MANGE STEMMER. Dræbt!
HÅKON. Hvem dræbte ham?
DAGFINN BONDE. Andres Skjaldarband, jarlens ven.
(Kort ophold; mændene hvisker uroligt indbyrdes.)
HÅKON. Hvor er budet?
DAGFINN BONDE (fører manden frem). Her, herre konge.
HÅKON. Hvad årsag var der til drabet?
BUDET. Det véd nok ingen. De taltes ved om finneskatten og med ét sprang Andres op og gav ham banesår.
HÅKON. Og havde der før været trætte mellem dem?
BUDET. Stundom. Andres sagde tidt, at en klog rådgiver her sørfra havde skrevet ham til, at han skulde være som fjeld og flint mod Vegard Væradal.
DAGFINN BONDE. Sælsomt nok; – før Vegard rejste, fortalte han mig, at en klog rådgiver havde sagt, han skulde være som fjeld og flint mod Andres Skjaldarband.
BISP NIKOLAS (spytter). Tvi vorde slige rådgivere!

HÅKON. Vi vil ikke nøjere granske, hvad rod dette stammer fra. To trofaste sjæle har jeg mistet idag. Jeg kunde græde for Vegard; men her skal mere end gråd til; her får det gælde liv for liv. Herre jarl, Andres Skjaldarband er eders håndgangne mand; I bød mig al hjælp, som vederlag for Ivar Bodde. Jeg tager jer på ordet og venter I vil virke for, atstraffen fremmes over denne ugerning.
SKULE JARL. Onde engle stiller sig visselig mellem os to idag. På hversomhelst anden af mine mænd skulde jeg tilstedet, at I lod drabet hævne –
HÅKON *(spændt)*. Nu?
SKULE JARL. Men ikke på Andres Skjaldarband.
HÅKON *(opbrusende)*. Vil I værge om drabsmanden!
SKULE JARL. Om *denne* drabsmand *må* jeg værge.
HÅKON. Og årsagen –?
SKULE JARL. Den får ingen vide uden Gud i himlen.
BISP NIKOLAS *(sagte til Dagfinn)*. Jeg véd den.
DAGFINN BONDE. Og jeg aner den.
BISP NIKOLAS. Sig ingenting, gode Dagfinn!
HÅKON. Jarl, jeg vil tro i det længste, at det ikke er alvor, det I her siger mig –
SKULE JARL. Var det min egen fader, Andres Skjaldarband havde dræbt, – han skulde endda gå fri. I må ikke spørge mere.
HÅKON. Godt. Så får vi selv tage os tilrette!
SKULE JARL *(med et udtryk af angst)*. Konge! det blir blodværk på begge sider!
HÅKON. Lad gå; straffen skal dog fremmes.
SKULE JARL. Den skal *ikke* fremmes! – Den *kan* ikke fremmes!
BISP NIKOLAS. Nej, der har jarlen ret.
HÅKON. Og det siger I, ærværdige herre?
BISP NIKOLAS. Andres Skjaldarband har taget korset.
HÅKON og SKULE JARL. Taget korset!
BISP NIKOLAS. Og er alt faret fra landet.
SKULE JARL. Godt var det for os alle.
HÅKON. Dagen helder; bryllupsgildet får nu være endt. Jeg takker

eder, herre jarl, for al ære, som er mig vist i denne tid. – I drager
til Nidaros, kan jeg tænke?
SKULE JARL. Det er så min agt.
HÅKON. Og jeg til Viken. – Hvis du, Margrete, heller ønsker at blive
her i Bergen, så gør det.
MARGRETE. Hvor du farer, vil jeg følge, indtil du forbyder mig det.
HÅKON. Godt, så følg.
SIGRID. Vidt spredes ætten nu. *(knæler for Håkon.)* Vis mig en nåde,
herre konge!
HÅKON. Rejs eder, fru Sigrid; hvad I beder om, skal ske.
SIGRID. Jeg kan ikke følge jarlen til Nidaros. Nonneklostret på Rejn
skal indvies; skriv til erkebispen, – virk for, at jeg bliver
abbedisse der.
SKULE JARL. Du, min søster?
HÅKON. I vil gå i kloster!
SIGRID *(rejser sig)*. Siden blodnatten i Nidaros, da mit bryllup
stod, og Baglerne kom og hug min brudgom ned, og mange
hundrede med ham, mens byen brandt i alle hjørner, – da var
det ligesom blodet og branden gjorde mit syn sløvt og slukt for
verden udenom. Men jeg fik kraft til at skimte det, som ingen
anden øjner, – og ét ser jeg nu – en stor skrækkens tid for
landet!
SKULE JARL *(heftigt)*. Hun er syg! Agt ikke på hende!
SIGRID. Rig grøde vil modnes for ham, som høster i mørke. Alle
kvinder i Norge skulle kun have én gerning nu, – knæle i klostre
og kirker, og bede – bede ved dag og nat!
HÅKON *(rystet)*. Er det spådomsgave eller sjælesot, som taler så?
SIGRID. Farvel, min broder, – vi mødes engang til.
SKULE JARL *(uvilkårligt)*. Når?
SIGRID *(sagte)*. Når du tager kronen; når der er al fare, – når du
trænger mig i din højeste nød!
(Går ud til højre med Margrete, Fru Ragnhild og kvinderne.)
HÅKON *(efter et kort ophold, drager sværdet og siger med fast og
rolig bestemthed)* : Alle jarlens mænd skal tages i ed.
SKULE JARL *(heftigt)*. Er *det* eders fulde agt! *(næsten*

bedende.) Kong Håkon, gør det ikke!
HÅKON. Ingen jarlsmand slipper fra Bergen, før han har svoret kongen troskab.
(Går med sin hird. Alle, undtagen bispen og jarlen, følger efter.)
BISP NIKOLAS. Han har taget på jer med hårde hænder idag.
SKULE JARL *(tier og ser målløs efter kongen).*
BISP NIKOLAS *(stærkere).* Og er kanske endda ikke kongefødt.
SKULE JARL *(vender sig pludselig i stærk bevægelse og griber bispens arm).* Trond prests skriftemål – hvor er det?
BISP NIKOLAS. Han sendte mig det fra England, før han døde; jeg véd ikke med hvem, – og jeg har ikke fået det.
SKULE JARL. Men det må findes!
BISP NIKOLAS. Det tror jeg fuldt og fast.
SKULE JARL. Og finder I det, da vil I give det i mine hænder?
BISP NIKOLAS. Det lover jeg.
SKULE JARL. Det sværger I ved eders sjæls salighed?
BISP NIKOLAS. Det sværger jeg ved min sjæls salighed!
SKULE JARL. Godt; til den tid vil jeg stå Håkon imod, hvor det kan ske stilt og i løndom. Det må hindres, at han er mægtigere end jeg, når kampen skal begynde.
BISP NIKOLAS. Men hvis det viser sig, at han er den rette kongssøn, – hvad så?
SKULE JARL. Så får jeg prøve på at bede – bede om ydmygt sind til at tjene ham som ærlig høvding og af al min evne
BISP NIKOLAS. Og hvis han er den urette?
SKULE JARL. Da skal han vige for mig! Kongsnavn og kongsstol, hird og hær, skat og flåde, byer og borge, alt vil jeg have!
BISP NIKOLAS. Han vil ty til Viken –
SKULE JARL. Jeg jager ham fra Viken!
BISP NIKOLAS. Så sætter han sig fast i Nidaros.
SKULE JARL. Jeg stormer Nidaros!
BISP NIKOLAS. Han stænger sig inde i Olafs hellige kirke –
SKULE JARL. Jeg bryder kirkefreden –
BISP NIKOLAS. Han flygter op på højalteret og hænger sig fast ved Olafs skrin –

SKULE JARL. Jeg trækker ham ned fra alteret, om jeg så skal trække helgenskrinet med –
BISP NIKOLAS. Men han har endda kronen på hovedet, jarl!
SKULE JARL. Jeg slår kronen af med mit sværd!
BISP NIKOLAS. Men dersom den sidder altfor fast –?
SKULE JARL. Nu da, i Guds eller Satans navn – da slår jeg hovedet med! *(går ud til højre.)*
BISP NIKOLAS *(ser efter ham, nikker langsomt og siger)*: Ja – ja; – slig kan jeg like jarlen! *Teppet falder.*

TREDJE AKT

(En stue i Oslo bispegård. På højre side er indgangsdøren. I baggrunden fører en liden åbentstående port ind til kapellet, som er oplyst. En dør, med teppe for på den venstre væg, går ind til bispens soveværelse. Foran på samme side står en stoppet hvilebænk. Over til højre er et skrivebord med breve, dokumenter og en brændende lampe.)

(Stuen er i førstningen tom; indenfor forhænget til venstre høres sang af munke. Lidt efter kommer Pål Flida rejseklædt ind fra højre, standser indenfor døren, venter, ser sig om og banker derpå tre gange i gulvet med sin stav.)

SIRA VILJAM *(kommer ud fra venstre og udbryder med dæmpet stemme)*: Pål Flida! Gud være lovet; – så er jarlen ikke langt borte.
PÅL FLIDA. Skibene sejler alt frem ved Hovedø; jeg foer i forvejen. Og hvorledes går det med bispen?
SIRA VILJAM. Han får den sidste olje nu.
PÅL FLIDA. Så er der al fare.
SIRA VILJAM. Mester Sigard fra Brabant har sagt, at han ikke kan leve natten over.
PÅL FLIDA. Da mener jeg, han har stævnet os for sent til sig.
SIRA VILJAM. Nej, nej, – han har fuld samling og lidt kræfter også, – hvert øjeblik spørger han, om ikke jarlen snart kommer.
PÅL FLIDA. I kalder ham endnu for *jarl*; véd I ikke, at kongen har

givet ham navn af hertug?
SIRA VILJAM. Jo, jo visst; – det er bare slig en gammel vane.
Hys – *(han og Pål Flida slår kors og bøjer sig. Ud fra bispens kammer kommer to kordrenge med lys, derefter to andre med røgelsekar; efter dem prester, der bærer kalk, disk, et krusifiks og en kirkefane; bagefter følger et tog af prester og munke; kordrenge med lys og røgelsekar slutter processionen, der langsomt bevæger sig ind i kapellet, hvis dør lukkes efter dem.)*
PÅL FLIDA. Nu har da den gamle herre gjort op med denne verden.
SIRA VILJAM. Jeg kan vel sige ham, at hertug Skule kommer så snart ske kan?
PÅL FLIDA. Han går lige fra bryggen og her op i bispegården. Farvel! *(går.)*
(Flere prester, hvoriblandt Peter, samt tjenere hos bispen kommer ud fra venstre med tepper, puder og et stort fyrfad.)
SIRA VILJAM. Hvad skal dette til?
EN PREST *(reder op på bænken)*. Bispen vil ligge herude.
SIRA VILJAM. Men er det rådeligt?
PRESTEN. Mester Sigard mener, vi kan gerne føje ham. Der er han alt.
(Bisp Nikolas kommer ud, støttet af mester Sigard og en prest. Han er i bispedragt, men uden stav og hue.)
BISP NIKOLAS. Tænd flere lys! *(Han bringes til sæde på bænken ved fyrfadet og dækkes til med tepperne.)* Viljam! Nu har jeg fået forladelse for alle mine synder! De tog dem med allesammen; – jeg synes jeg er så let nu.
SIRA VILJAM. Hertugen har budsendt jer, herre; han er alt indenfor Hovedø.
BISP NIKOLAS. Det er godt, meget godt. Kongen vil vel også snart være her. Jeg har været en syndig hund i mine dage, Viljam; jeg har forbrudt mig svarlig mod kongen. Presterne derinde de sagde, at alle mine synder skulde være mig forladt; – ja, det kan være vel nok; men de har så godt for at love, de; det er ikke *dem*, jeg har forbrudt mig imod. Nej, nej – det er nok tryggest, at få det fra kongens egen mund. *(udbryder*

43

heftigt:) Lys, siger jeg! Her er så mørkt herinde.
SIRA VILJAM. Her *er* tændt –
MESTER SIGARD *(standser ham med et tegn og nærmer sig bispen).* Hvorledes har I det, herre?
BISP NIKOLAS. Å jo, – å jo; jeg er kold på hænder og fødder.
MESTER SIGARD *(halvhøjt, idet han flytter fyrfadet nærmere).* Hm, – det er begyndelsen til enden.
BISP NIKOLAS *(angst til Viljam).* Jeg har sagt, at otte munke skal synge og bede for mig i kapellet inat. Hav øje med dem; der er dovne svende iblandt.
SIRA VILJAM *(peger taus mod kapellet, hvorfra høres sang, som vedbliver under det følgende).*
BISP NIKOLAS. Så meget ugjort endnu, og så gå fra det altsammen! Så meget ugjort, Viljam!
SIRA VILJAM. Herre, tænk på det himmelske!
BISP NIKOLAS. Jeg har tiden for mig; – udpå morgenstunden, mener mester Sigard –
SIRA VILJAM. Herre, herre!
BISP NIKOLAS. Giv mig mitra og stav! – Du har godt ved at sige jeg skal tænke – *(en prest bringer det forlangte.)* Så, sæt huen der, den er mig for tung; giv mig staven i hånd; så, nu er jeg rustet. En bisp! – Den onde tør ikke gå mig på livet nu!
SIRA VILJAM. Vil I ellers noget?
BISP NIKOLAS. Nej. Jo, sig mig; – Peter, Andres Skjaldarbands søn, – alle taler så godt om ham –
SIRA VILJAM. Han er visselig en skyldfri sjæl.
BISP NIKOLAS. Peter, du skal våge hos mig til kongen eller hertugen kommer. Gå ud sålænge, I andre, men vær ved hånden.
(Alle, undtagen Peter, går ud til højre.)
BISP NIKOLAS *(efter et kort ophold).* Peter!
PETER *(nærmer sig).* Herre?
BISP NIKOLAS. Har du aldrig set gamle mænd dø?
PETER. Nej.
BISP NIKOLAS. Rædde er de allesammen; det tør jeg sværge på! Der på bordet ligger et stort brev med segl for; giv mig det. *(Peter*

bringer brevet.) Det er til din moder.
PETER. Til min moder?
BISP NIKOLAS. Du får rejse nordover til Hålogaland med det. Jeg har skrevet til hende om en stor og vigtig sag; der er kommet tidende fra din fader.
PETER. Han strider som en herrens kæmpe i det hellige land. Falder han der, så falder han på vigslet grund; thi *der* er hver fodsbred jord hellig. Jeg minder Gud om ham i alle mine bønner.
BISP NIKOLAS. Er Andres Skjaldarband dig kær?
PETER. Han er en hæderlig mand; men der lever en anden mand, hvis storhed min moder ligesom fostrede og nærede mig med.
BISP NIKOLAS *(hurtig og spændt).* Er det hertug Skule?
PETER. Ja, hertugen, – Skule Bårdssøn. Min moder har kendt ham i yngre dage. Hertugen må visselig være den ypperste mand i landet!
BISP NIKOLAS. Der er brevet; rejs nordover med det straks! – Synger de ikke derinde?
PETER. Jo, herre!
BISP NIKOLAS. Otte svære karle med struber som basuner, det må dog vel hjælpe noget, véd jeg?
PETER. Herre, herre, jeg vilde bede selv!
BISP NIKOLAS. Jeg har for meget ugjort, Peter. Livet er altfor kort; – desuden så vil nok kongen tilgive mig, når han kommer – *(farer sammen i smerte).*
PETER. I lider visst?
BISP NIKOLAS. Jeg lider ikke; men det ringer for mine øren; det lyser og blinker for øjnene –
PETER. Det er de himmelske klokker, som ringer eder hjem; – det, som blinker, er alterlysene, dem Guds engle har tændt for eder.
BISP NIKOLAS. Ja visst er det så; – det har ingen fare, når de kun holder godt ud i bøn derinde. – Farvel, rejs straks med brevet.
PETER. Skal jeg ikke først –?
BISP NIKOLAS. Nej, gå; jeg er ikke ræd for at være alene.
PETER. Vel mødt igen da, når de himmelske klokker engang har lyd for mig også. *(går ud til højre.)*

BISP NIKOLAS. De himmelske klokker, – ja, sligt siges så let, når en går om på to friske ben. – Så meget ugjort! Men der vil leve mangt efter mig alligevel. Jeg lovede hertugen ved min sjæls salighed, at give ham Trond prests skriftemål, hvis det kom mig ihænde; – godt, at jeg ikke har fået det. Havde han visshed, så vilde han sejre eller falde; da blev en af dem den mægtigste mand, som nogensinde havde levet i Norge. Nej, nej, – hvad *jeg* ikke kunde nå, skal ingen anden nå. Det er bedst med uvissheden; sålænge hertugen tynges af *den*, vil de to ødelægge hinanden, hvor de kan komme til; byer vil brændes, bygder hærges, – ingen af dem vinder ved den andens tab – – *(forfærdet.)* Nåde, forbarmelse! Det er jo mig, som bærer skylden – mig, som fra første færd gav stødet til det hele! *(beroligende sig.)* Ja, ja, ja! men nu kommer kongen, – det er jo ham, det mest går ud over, – han tilgiver mig nok – der skal læses bønner og messer; det har ingen nød; – jeg er jo bisp, og jeg har aldrig dræbt nogen med egen hånd. – Godt er det, at Trond prests skriftemålikke kom; de hellige er med mig, de vil ikke friste mig til at bryde mit løfte. – Hvem banker på døren? Det må være hertugen! *(gnider sig fornøjet i hænderne.)* Han vil trygle om beviser for kongsretten, – og jeg har ingen beviser at give ham!

(Inga fra Vartejg kommer ind; hun er sortklædt, med kåbe og hætte.)

BISP NIKOLAS *(farer sammen)*. Hvem er det?
INGA. En kone fra Vartejg i Borgasyssel, ærværdige herre.
BISP NIKOLAS. Kongsmoderen!
INGA. Så kaldtes jeg engang.
BISP NIKOLAS. Gå, gå! Jeg rådede ikke Håkon til at skille sig af med jer!
INGA. Hvad kongen gør, er velgjort! det er ikke derfor jeg kommer.
BISP NIKOLAS. Og hvorfor da?
INGA. Gunnulf, min broder, er kommen hjem fra Englandsfærden –
BISP NIKOLAS. Fra Englandsfærden –!
INGA. Han har været borte i mange år, som I véd, og flakket vidt

omkring; nu førte han brev hjem –
BISP NIKOLAS *(åndeløs)*. Brev –?
INGA. Fra Trond prest. Det er til eder, herre.
(rækker ham det.)
BISP NIKOLAS. Ja så; – og I bringer det?
INGA. Så var Tronds ønske. Stor tak skylder jeg ham fra den tid, han fostrede Håkon. Jeg fik spurgt, at I var syg; derfor gav jeg mig straks på rejsen; jeg har gået hid på min fod –
BISP NIKOLAS. Det havde ikke hastet så bråt, Inga!
DAGFINN BONDE *(kommer ind fra højre)*. Guds fred, ærværdige herre!
BISP NIKOLAS. Kommer kongen?
DAGFINN BONDE. Nu rider han Ryenbergene nedover med dronningen og kongsbarnet og stort følge.
INGA *(iler frem mod Dagfinn)*. Kongen, – kongen! kommer *han* hid?
DAGFINN BONDE. Inga! Er I her, I hårdt prøvede kvinde?
INGA. Den er ikke hårdt prøvet, som har så stor en søn.
DAGFINN BONDE. *Nu* skal hans hårde hjerte smeltes.
INGA. Ikke et ord til kongen om mig. O, men se ham må jeg dog; – hør, – kommer han hid?
DAGFINN BONDE. Ja, snart.
INGA. Og det er mørk kveld. Kongen skal vel lyses frem med fakler.
DAGFINN BONDE. Ja.
INGA. Så vil jeg stille mig i et bislag, hvor han går forbi; – og så hjemover til Vartejg. Men først ind i Hallvards kirke; *der* brænder lys inat; der vil jeg bede godt for kongen, for min fagre søn.
(Går ud til højre.)
DAGFINN BONDE. Jeg har røgtet mit ærinde; jeg går for at møde kongen.
BISP NIKOLAS. Hils ham kærligst, gode Dagfinn!
DAGFINN BONDE *(idet han går ud til højre)*. Ikke vilde *jeg* være bisp Nikolas imorgen.
BISP NIKOLAS. Trond prests skriftemål –! Altså kom det da alligevel; – her holder jeg det i min hånd. *(grubler og stirrer*

ud for sig.) – En skulde aldrig love noget på sin sjæls salighed, når en er så gammel som jeg. Havde jeg år igen, så skulde jeg altid vride mig fra sligt et løfte; men ikveld, den sidste kveld, – nej, det er ikke rådeligt. – Kan jeg da holde det? Er det ikke at sætte på spil alt det, jeg har virket for hele mit liv igennem? – *(hviskende.)* O, kunde jeg snyde den onde, bare denne eneste gang til! *(lytter.)* Hvad er *det*? *(råber:)*Viljam, Viljam!

SIRA VILJAM *(kommer ind fra højre).*

BISP NIKOLAS. Hvad er det, som suser og tuder så stygt?

SIRA VILJAM. Det er uvejret, som tager til.

BISP NIKOLAS. Tager uvejret til! – Jo visst vil jeg holde mit løfte! Uvejret, siger du –? Synger de derinde?

SIRA VILJAM. Ja, herre.

BISP NIKOLAS. Sig, de skal gøre sig al flid; – broder Aslak især; han gør altid så stutte bønner; han kniber undaf, når han kan komme til; han springer over, den hund! *(slår i gulvet med bispestaven.)* Gå ind og sig ham, det er den sidste nat, jeg har igen; han skal gøre sig flid, ellers kommer jeg over ham og spøger!

SIRA VILJAM. Herre, skal jeg ikke hente mester Sigard?

BISP NIKOLAS. Gå ind, siger jeg! *(Viljam går ind i kapellet.)* Det må visselig være himlens vilje, at jeg skal forlige kongen og hertugen, siden den sender mig Trond prests brev nu. Dette er hårdt at gå på, Nikolas; rive ned med et eneste ryk, hvad du har brugt hele dit liv til at bygge. Men der er ikke andet for; jeg får gøre himlens vilje denne gang. – Dersom jeg endda bare kunde læse, hvad der står i brevet; men jeg kan ikke se et ord! Der driver tåger for mine øjne, det gnistrer og sprætter –; og ingen anden tør jeg lade læse det for mig! At love sligt –! Er menneskets kløgt da så ussel, at det ikke mægter råde over andet og tredje led af sin egen gerning? Jeg talte så længe og så indtrængende til Vegard Væradal om at få kongen til at sende Inga fra sig, at det omsider skede. Den gerning var klog i første led; men havde jeg ikke rådet slig, så havde ikke Inga været på

Vartejg nu, brevet var ikke kommet tidsnok i mine hænder, og jeg havde ikke havt noget løfte at holde, – altså uklog i andet led. Havde jeg endda tiden for mig; men kun denne ene nattilende, og knapt nok det. Jeg må, jeg vil leve længer! *(banker med staven; en prest træder ind fra højre.)* Mester Sigard skal komme! *(presten går; bispen knuger brevet i hænderne.)*Her, indenfor dette tynde segl ligger Norges saga for hundrede år! Den ligger og drømmer, som fugleungen i ægget! O, den, som nu havde flere end én sjæl – eller også ingen!*(trykker brevet vildt op til sit bryst.)* O, var ikke enden så rap over mig, – og dommen og straffen, – jeg skulde ruge dig ud til en høg, som skulde kaste skyggende rædsel over alt landet og hugge sine hvasse kløer i hver mands hjerte! *(farer sammen.)* Men den sidste time er nær! *(skrigende.)* Nej, nej, – du skal blive til en svane, en hvid svane! *(kaster brevet bortover gulvet og råber:)* Mester Sigard, mester Sigard!

MESTER SIGARD *(fra højre).* Hvorledes går det, ærværdige herre?

BISP NIKOLAS. Mester Sigard, – sælg mig tre dages liv!

MESTER SIGARD. Jeg har sagt jer –

BISP NIKOLAS. Ja, ja; men det var ikke alvor; det var en liden straf. Jeg har været en urimelig herre mod jer; derfor vilde I skræmme mig. Fy, det var stygt, – nej, nej, – det var tilpas for mig! Men vær nu god og snild! Jeg skal betale godt; – tre dages liv, mester Sigard, bare tre dages liv!

MESTER SIGARD. Om jeg så selv skulde gå bort i samme stund, som I, kunde jeg dog ikke lægge tre dage til.

BISP NIKOLAS. Én dag da; bare én dag! Lad det være lyst, lad solen skinne, når jeg skal afsted! Hør, Sigard! *(vinker ham hen til sig og drager ham ned på bænken.)* Jeg har givet næsten alt mit guld og sølv til kirken, for at få store messer læst bagefter. Jeg vil gøre det om igen; I skal få det altsammen! Hvad, Sigard, skal vi to narre dem derinde? He, he, he! I bliver rig, Sigard, og rejser af landet; jeg får frist og kan område mig lidt og hjælpe mig med færre bønner.Hvad, Sigard,

skal vi –? *(Sigard føler hans puls; bispen udbryder angst:)* Nå, hvorfor svarer I ikke?
MESTER SIGARD *(rejser sig)* Jeg har ikke tid, herre. Jeg vil lave jer en drik, som kan lette jer lidt på det sidste.
BISP NIKOLAS. Nej, vent med det! Vent – og svar mig!
MESTER SIGARD. Jeg har ikke tid; drikken må være færdig inden en time. *(går ud til højre.)*
BISP NIKOLAS. Inden en time! *(banker vildt.)* Viljam! Viljam!
SIRA VILJAM *(kommer ud fra kapellet).*
BISP NIKOLAS. Tag flere til hjælp derinde! De otte forslår ikke!
SIRA VILJAM. Herre –?
BISP NIKOLAS. Flere til hjælp, siger jeg! Kolbejn korsbroder har ligget syg i fem uger, – han kan ikke have syndet stort i den tid –
SIRA VILJAM. Han var til skrifte igår.
BISP NIKOLAS *(ivrig)*. Ja, *han* må være god; tag ham! *(Viljam går ind i kapellet igen.)* Inden en time! *(tørrer sveden af panden.)* Puh, hvor her er varmt! – Den usle hund, – hvad hjælper al hans lærdom, når han ikke kan lægge en time til. Der sidder han dagstødt i sin stue og sætter kunstige hjul og lodder og løftestænger sammen; han vil skabe et værk, som skal gå og gå, og aldrig standse, – perpetuum mobile kalder han det. Hvorfor øver han ikke heller sin kunst og sin kløgt på at gøre mennesket til sligt perpetuum mobile –? *(standser og tænker; det lysner i hans øjne.)* Perpetuum mobile, – jeg er ikke stiv i latinen, – men det betyder noget, som har evnen til at virke evigt, udover gennem alle tider. Om jeg nu selv kunde –? *Det* var en gerning at ende med, det! Det var at gøre sin største gerning i sin sidste stund! At sætte igang hjul og lodder og løftestænger i kongens og hertugens sjæle; sætte dem slig igang, at ingen magt på jorden kan standse dem; kan jeg det, da bliver jeg jo ved at leve, leve i mit værk, – og når det kommer til stykket, så er det kanske *det*, som kaldes udødelighed. – Trøstelige, svalende tanker, hvor I gør den gamle mand godt! *(puster ud og strækker sig behageligt på bænken.)* Diabolus har været hårdt efter mig ikveld. Det er

følgen af at ligge ledig; otium est pulvis - pulveris - nå, ligegodt med latinen, - Diabolus skal ikke få magt over mig mere; jeg vil være virksom til det sidste; jeg vil -; hvor de belger derinde - *(banker; Viljam kommer ud.)* Sig dem, de skal tie, de forstyrrer mig. Kongen og hertugen kommer snart, jeg har store ting at tænke på.
SIRA VILJAM. Herre, skal jeg da -?
BISP NIKOLAS. Byde dem hold op en stund, så jeg kan tænke i ro. Se der, tag op det brev, der ligger på gulvet. - Godt. Giv mig så hid papirerne -
SIRA VILJAM *(går til skrivebordet)*. Hvilke, herre?
BISP NIKOLAS. Ligegodt -; de med segl for; de, som ligger øverst. - Så; gå nu ind og sig, de skal være stille.
(Viljam går.) - Dø, og dog råde i Norge! Dø, og stelle det så, at ingen mand kommer til at højne sig et hoved op over alle andre. Tusende veje kunde bære frem til det mål; men der kan kun være én, som duger; - den gælder det at finde, - den gælder det at slå ind på. - Ha! Vejen ligger jo så nær, så nær! Ja, slig skal det være. Jeg holder løftet; hertugen skal få brevet i sine hænder; - men kongen - hm, han skal få tvivlens brod i sit hjerte. Håkon er ærlig, som de kalder det; med troen på sig selv, og på sin ret, vil meget falde i ham. Begge skal tvivle og tro, vippe op og ned, aldrig finde fast grund under foden, - perpetuum mobile! - Men vil Håkon fæste lid til mit udsagn? Det vil han; jeg er jo en døende mand; jeg skal fodre ham med sandhed iforvejen. - Kræfterne svigter, men sjælen friskner; - jeg ligger ikke på sottesengen længer, jeg sidder i min arbejdsstue, jeg vil arbejde den sidste nat, arbejde - til lyset slukner -
HERTUG SKULE *(kommer ind fra højre og går frem mod bispen)*. Fred og hilsen, ærværdige herre! Jeg hører, det står ilde med jer.
BISP NIKOLAS. Jeg er et lig i knop, gode hertug; inat springer jeg ud; imorgen kan det kendes, hvor jeg dufter.
HERTUG SKULE. Alt inat, siger I?
BISP NIKOLAS. Mester Sigard siger: om en time.
HERTUG SKULE. Og Trond prests brev -?

BISP NIKOLAS. Tænker I endnu på det?
HERTUG SKULE. Det kommer aldrig af mine tanker.
BISP NIKOLAS. Kongen har gjort eder til hertug; ingen mand har båret hertugnavn i Norge, før I.
HERTUG SKULE. Strækker ikke til. Er Håkon den urette, så må jeg have alt!
BISP NIKOLAS. Hu, her er koldt herinde; det isner mig igennem alle lemmer.
HERTUG SKULE. Trond prests brev, herre! For Guds, den almægtiges skyld, – har I det?
BISP NIKOLAS. Jeg véd ialfald, hvor det kan findes.
HERTUG SKULE. Så sig det, sig det!
BISP NIKOLAS. Vent –
HERTUG SKULE. Nej, nej, – nyt tiden; jeg ser det lakker stærkt, – og kongen kommer jo hid, er mig sagt.
BISP NIKOLAS. Ja, kongen kommer; deraf ser I bedst, at jeg sørger for eders sag, selv *nu*.
HERTUG SKULE. Hvad er eders agt?
BISP NIKOLAS. Mindes I ved kongens bryllup, – da sagde I, at det, som gør Håkon stærk, er hans uryggelige tro på sig selv?
HERTUG SKULE. Nu?
BISP NIKOLAS. Hvis jeg skrifter og rejser tvivlen i ham, så falder troen, og styrken med den.
HERTUG SKULE. Herre, det er syndigt, syndigt, ifald han er den rette!
BISP NIKOLAS. Det vil stå i eders magt at gøre ham troende igen. Før jeg går herfra, skal jeg sige jer, hvor Trond prests brev er at finde.
SIRA VILJAM *(fra højre)*. Nu kommer kongen med fakler og følge opover gaden.
BISP NIKOLAS. Velkommen skal han være. *(Viljam går.)* Hertug, den sidste villighed beder jeg eder om. Vær min eftermålsmand mod alle mine uvenner. *(tager et brev frem.)* Her har jeg skrevet dem op. De, som står øverst, vilde jeg gerne have hængt, om det kunde føje sig så.
HERTUG SKULE. Tænk ikke på hævn nu; I har ikke langt igen –

BISP NIKOLAS. Ikke på hævn, men på straf. Lov mig, at svinge straffens sværd over alle mine uvenner, når jeg er borte. De er eders avindsmænd så fuldt som mine; når I bliver konge, må I tugte dem; lover I mig det?
HERTUG SKULE. Jeg lover og sværger; – men Trond prests brev –!
BISP NIKOLAS. I skal få at vide, hvor det er; – men, se her –; kongen kommer; – gem listen over vore uvenner!
(Hertugen gemmer dokumentet; i det samme kommer Håkon ind fra højre.)
BISP NIKOLAS. Vel mødt ved gravøllet, herre konge!
HÅKON. Hårdt har I stået mig imod til alle tider; men det skal være glemt og tilgivet nu; døden stryger selv den største regning ud.
BISP NIKOLAS. Det lettede! O, hvor kongens mildhed er forunderlig stor! Herre, hvad I har gjort mod en gammel synder ikveld, det skal tifold –
HÅKON. Lad det være godt; men jeg må sige eder, at jeg højligen undres. I stevner mig hid for at få min tilgivelse, og så bereder I mig sligt et møde.
BISP NIKOLAS. Møde, herre?
HERTUG SKULE. Det er mig, kongen sigter til. Vil I, herre bisp, forsikre kong Håkon, ved min tro og ære, at jeg intet vidste om hans komme, før jeg satte foden på Oslo brygge.
BISP NIKOLAS. Ak, ak; al skyld hviler på mig! Jeg har været en sygelig, sengeliggende mand hele det sidste år; jeg har lidet eller intet spurgt til landets sager; jeg tænkte, det var godt og vel mellem de høje frænder nu!
HÅKON. Jeg har mærket, at venskabet mellem hertugen og mig trives bedst, når vi holder os fra hinanden; derfor farvel, bisp Nikolas, og Gud være med eder, der I nu går hen. *(vil gå.)*
HERTUG SKULE *(sagte og urolig)*. Bisp, bisp; han går!
BISP NIKOLAS *(pludselig og med vild kraft)*. Bliv, kong Håkon!
HÅKON *(standser)*. Hvad nu?
BISP NIKOLAS. I får ikke gå ud af denne stue, før gamle bisp Nikolas har talt sit sidste ord!
HÅKON *(lægger uvilkårlig hånden på sværdet)*. Er I kanske kommen

mandstærk til Viken, hertug?
HERTUG SKULE. Jeg har ingen del i dette.
BISP NIKOLAS. Det er med ordets magt, jeg skal vide at holde jer.
Hvor der er ligfærd i huset, *der* er den døde første mand i laget;
han kan gøre og lade, hvad han vil – så langt hans evne
strækker. Derfor vil jeg holde min egen ligtale nu; før i tiden var
jeg altid så ræd for at kong Sverre skulde komme til at holde
den –
HÅKON. Tal ikke så vildt, herre!
HERTUG SKULE. I knapper af den dyre stund, I har igen!
HÅKON. Eders øje er alt sløvt!
BISP NIKOLAS. Ja, mit syn er sløvt; jeg kan knapt se jer, der I står;
men indeni mig drager mit liv lysende klart forbi. Jeg ser
syner *der* –; hør og lær, konge! – Min æt var den mægtigste i
landet; mange store høvdinger gik ud fra den; *jeg* vilde være
den største af dem alle. Jeg var ikke mere end gut, da
jeg begyndte at hungre efter storværk; jeg tyktes, jeg umuligt
kunde vente til jeg blev voksen; – der rejste sig konger med
mindre ret end jeg, – Magnus Erlingssøn, Sverre
prest –; *jeg* vilde også være konge; men høvding først, – det var
nødvendigt. Så skulde slaget stå på Ilevoldene; der var det
førstegang jeg var med. Solen randt, og der gik glitrende lyn fra
tusende blanke våben. Magnus og alle hans mænd gik frem,
som til en leg; jeg alene kendte mig klemt om hjertet. Hårdt foer
vor fylking frem; men *jeg* kunde ikke vinde med – jeg var
ræd! Alle Magnus's andre høvdinger stred mandelig, og mange
faldt, der de stred; men jeg flygtede *stenberget* opover, løb og
løb, og stansede ikke før jeg kom ned til fjorden igen, langt ude.
Mangen mand måtte vaske sine blodige klæder i
Trondhjemsfjorden den kveld; – jeg måtte også vaske mine,
men det var ikke for blod. Ja, konge, jeg var ræd; skabt
tilhøvding – og ræd! Det slog ned som et lyn i mig; jeg blev hver
mand ond fra den time; jeg bad lønligt i kirkerne, jeg græd og
knælte for altrene, jeg gav rige gaver, gjorde hellige løfter; jeg
fristede og prøvede i slag efter slag, ved Saltøsund, på

Jonsvoldene den sommer Baglerne lå i Bergen, – altid fåfængt. Sverre var den, som skønte det først, han talte det højt ud og med spot, og fra den dag lo hver mand i flokken, når Nikolas Arnessøn gik frem i hærklæder. – Ræd, ræd –, og endda vilde jeg være høvding, vilde være konge, følte mig skabt til konge forresten, kunde fremmet Guds rige på jorden; men det var de hellige selv, som stængte bommen for mig.
HÅKON. Før ikke klage over himlen, bisp! I har hadet meget!
BISP NIKOLAS. Ja, jeg har hadet meget; hadet hvert hoved i dette land, som højnede sig op over mængden. Men jeg hadede, fordi jeg ikke kunde elske. Fagre kvinder, – o, jeg kunde sluge dem med gnistrende øjne endnu! Jeg er otti år, og endnu står min hug til at fælde mænd og favne kvinder; – men det gik mig *der*, som i slaget; bare vilje og begær, magtstjålen fra fødselen af; – lystens sydende gave – og dog krøbling! Så blev jeg da prest; konge eller prest må den mand være, som vil råde for al magten.
(ler.) Jeg prest! Jeg en kirkelig mand! Jo, én kirkelig gerning havde himlen særligt skabt mig til, – den, at tage de høje toner, – synge med kvinderøst på de store kirkefester. Og endda kræver de deroppe af mig – halvmanden –, hvad de har ret til at kræve af hver den, der fik evnen fuldt ud til sin livsgerning! Der har været tider, da det tyktes mig, sligt krav kunde være billigt; her har jeg ligget på sottesengen slagen af rædsel for straf og dom! Nu er det over; jeg har marg i sjælsknoklerne igen! Jeg har intet forbrudt; det er *mig*uretten er øvet imod; *jeg* er klageren!
HERTUG SKULE *(dæmpet).* Herre – brevet! I har ikke langt igen!
HÅKON. Tænk på eders sjæl og ydmyg eder!
BISP NIKOLAS. En mands gerning er hans sjæl, og min gerning skal blive ved at leve på jorden. Men I, kong Håkon, I skulde vogte jer; thi ligesom himlen har stået *mig* imod og fanget skade til løn, således står I den mand imod, der holder landets lykke i sin hånd –
HÅKON. Ha – hertug, hertug! Nu skønner jeg mødet her!
HERTUG SKULE *(heftigt til bispen).* Ikke et ord mere af sligt!

55

BISP NIKOLAS *(til Håkon).* Han vil stå jer imod sålænge hans hoved sidder fast på akslerne. Del med ham! Jeg får ikke fred i kisten, jeg kommer igen, hvis ikke I to deler! Ingen af jer skal lægge den andens højde til sin egen vækst; her blev en kæmpe i landet, hvis det skede, og her skal ingen kæmpe være; thi jeg var aldrig nogen kæmpe! *(synker mat tilbage på bænken.)*

HERTUG SKULE *(kaster sig på knæ ned ved bænken og råber til Håkon):* Skaf hjælp! For Guds barmhjertigheds skyld, bispen må ikke dø endnu!

BISP NIKOLAS. Hvor det tager til at skumre for mine øjne! – Konge, for sidste gang, – vil I dele med hertugen?

HÅKON. Ikke en skærv skænker jeg bort af det, som Gud gav mig!

BISP NIKOLAS. Godt og vel. *(dæmpet.)* Troen skal I ialfald miste. *(råber:)* Viljam!

HERTUG SKULE *(dæmpet).* Brevet! brevet!

BISP NIKOLAS *(uden at høre på ham).* Viljam! *(Viljam kommer; bispen trækker ham tæt hen til sig og hvisker:)* Da jeg fik den sidste olje, så blev jo alle mine synder mig forladte?

SIRA VILJAM. Alle synder, fra eders fødsel og til den stund, I fik oljen.

BISP NIKOLAS. Ikke længer? Ikke helt til jeg går bort?

SIRA VILJAM. Herre, I synder ikke inat.

BISP NIKOLAS. Hm, ingen kan vide –; tag guldbægret, jeg fik efter bisp Absalon, – giv det til kirken – og læs syv store kirkebønner til.

SIRA VILJAM. Herre, Gud vil være eder nådig!

BISP NIKOLAS. Syv bønner til, siger jeg – for hvad jeg synder inat! Gå, gå! *(Viljam går; bispen vender sig til Skule.)* Hertug, om I engang læser Trond prests brev, og det muligt skulde vise sig, at Håkon var den rette, – hvad vil I så gøre?

HERTUG SKULE. I Guds navn, – da skal han også være konge.

BISP NIKOLAS. Tænk jer om; det gælder meget her. Gransk hver fold i eders hjerte; svar, som om I stod tildoms! Hvad vil I gøre, hvis han er den rette?

HERTUG SKULE. Bøje mig og tjene ham.

BISP NIKOLAS *(mumler)*. Ja, ja, tag så følgerne. *(til Skule.)* Hertug, jeg er svag og træt; det kommer så mildt og forsonligt over mig –
HERTUG SKULE. Det er døden! Trond prests brev! Hvor er det?
BISP NIKOLAS. Først en anden sag; – jeg gav jer listen over mine uvenner –
HERTUG SKULE *(utålmodig)*. Ja, ja; jeg skal hævne alt på dem –
BISP NIKOLAS. Nej, jeg er så mild nu; jeg vil tilgive, som skrevet står. Ligesom I forsager magten, således vil jeg forsage hævnen. Brænd listen.
HERTUG SKULE. Godt, godt; som I vil.
BISP NIKOLAS. Her i fyrfadet, så jeg ser på det –
HERTUG SKULE *(kaster papiret i ilden)*. Se så, nu brænder den! Og nu, tal, tal! Det gælder tusenders liv, dersom I ikke taler nu.
BISP NIKOLAS *(med funklende øjne)*. Tusenders liv! *(skriger:)* Lys! luft!
HÅKON *(iler til døren og råber)*: Til hjælp! Bispen dør!
(Sira Viljam og flere af bispens folk kommer ind.)
HERTUG SKULE *(ryster bispens arm)*. Norges lykke gennem hundrede år, dets storhed for evige tider kanhænde!
BISP NIKOLAS. Evige tider! *(triumferende:)* Perpetuum mobile!
HERTUG SKULE. Ved vore sjæles salighed, – hvor er Trond prests brev!
BISP NIKOLAS *(råbende)*: Syv bønner til, Viljam!
HERTUG SKULE *(ude af sig selv)*. Brevet! brevet!
BISP NIKOLAS *(smiler i dødskampen)*. Det var *det* I brændte, gode hertug.
(Falder tilbage på bænken og dør.)
HERTUG SKULE *(udstøder et uvilkårligt skrig, idet han farer tilbage og bedækker ansigtet med sine hænder)*. Gud, du almægtige!
MUNKENE *(kommer flygtende ud fra kapellet)*. Frelse sig, hvo kan!
ENKELTE STEMMER. Alt ondt er løst inat!
ANDRE. Det lo højt fra krogen! – Det skreg: «vi har ham!» – Alle lys sluktes!
HÅKON. Nu døde bisp Nikolas.
MUNKENE *(flygter ud til højre)*. Pater noster, – pater noster!

57

HÅKON *(nærmer sig Skule og siger dæmpet)*: Hertug, jeg vil ikke granske efter, hvilke lønlige råd I lagde op med bispen, før han døde; – men fra imorgen må I lægge eders magt og værdighed i mine hænder igen; det ser jeg grant nu, – vi to kan ikke gå frem sammen.

HERTUG SKULE *(ser åndsfraværende på ham)*. Gå frem sammen –?

HÅKON. Imorgen holder jeg thing i kongsgården; der må alt blive grejdt mellem os. *(Går ud til højre.)*

HERTUG SKULE. Bispen død og brevet brændt! Et liv fuldt af tvivl og kamp og rædsel! O, kunde jeg bede! – Nej, – handle må jeg; – ikveld må skridtet gøres helt ud! *(til Viljam:)* Hvor gik kongen?

SIRA VILJAM *(forskrækket)*. Krist fri mig, – hvad vil I ham?

HERTUG SKULE. Tror I kanske jeg agter at dræbe ham inat? *(Går ud til højre.)*

SIRA VILJAM *(ser hovedrystende efter ham, medens husfolkene bære liget ud til venstre)*. Bispen sagde: syv bønner til; – jeg mener det er tryggest, at vi læser fjorten.

(Følger efter de øvrige.)

En stue i kongsgården.

(I baggrunden er indgangsdøren; på hver af sidevæggene mindre døre; forrest på højre side et vindu. En lampe brænder under taget. Tæt ved døren til venstre står en bænk, og længere tilbage en vugge, hvori kongsbarnet sover; Margrete sidder knælende hos barnet.)

MARGRETE *(vugger og synger)*:
Nu løftes laft og lofte til stjernehvælven blå; nu flyver lille Håkon med drømmevinger på.

Der er en stige stillet fra jord til himlen op; nu stiger lille Håkon med englene til top.

Guds engle små, de våger for vuggebarnets fred; Gud sign' dig, lille Håkon, din moder våger med.

(Kort ophold. Hertug Skule kommer ind fra baggrunden.)

MARGRETE *(farer op med et glædesskrig og iler ham imøde)*. Min fader! – O, hvor jeg har sukket og længtet efter dette møde!

HERTUG SKULE. Guds fred med dig, Margrete! Hvor er kongen?
MARGRETE. Hos bisp Nikolas.
HERTUG SKULE. Hm, – ja, så må han snart være her.
MARGRETE. Og vil I tales ved og forliges, blive venner igen, som i gamle dage?
HERTUG SKULE. Det vilde jeg gerne.
MARGRETE. Håkon vil det også gerne; og jeg beder hver dag til Gud, at det må ske. O, men kom her og se – *(griber hans hånd og fører ham hen til vuggen.)*
HERTUG SKULE. Dit barn!
MARGRETE. Ja, det dejlige barn er mit; – er det ikke forunderligt? Han heder Håkon, ligesom kongen! Se her, hans øjne – nej, du kan ikke se dem nu han sover, – men han har store blå øjne; og så kan han le og række hænderne ud og gribe efter mig, – og han kender mig allerede!
(Lægger vuggeklæderne omhyggeligt tilrette.)
HERTUG SKULE. Håkon får sønner, spåde bispen.
MARGRETE. Dette lille barn er mig tusende gange kærere end land og rige, – og slig er det for Håkon også. – Nej, det er ligesom jeg ikke rigtig kan tro på lykken; jeg har vuggen stående foran min seng; hver nat, når jeg vågner, ser jeg efter, om den er der, – jeg er ligesom ræd for at det skal være en drøm –
HERTUG SKULE *(lytter og går til vinduet).* Er det ikke kongen –?
MARGRETE. Jo; han går op den anden trappe; jeg vil hente ham! *(Fatter faderens hånd og fører ham spøgende hen til vuggen igen.)* Hertug Skule! Stå vagt hos kongsbarnet imens, – ja, for han er kongsbarn tillige – det husker jeg aldrig på! Og vågner han, så bøj dig dybt og hils ham, som konger skal hilses! Nu henter jeg Håkon; o Gud, Gud! nu skal der da endelig komme lys og fred over ætten!
(Går ud til højre.)
HERTUG SKULE *(efter en kort og mørk taushed).* Håkon har en søn. Hans æt skal leve efter ham. Dør han, så er der et kongs-emne, som står tronen nærmere end alle andre. Alt trives for Håkon. Kanhænde han er den urette; men hans tro på sig selv

59

står fast som før; bispen vilde rygget den, men fik ikke tid for
døden, ikke lov for Gud. Gud skærmer Håkon, han fik beholde
styrkebeltet. *Nu* at sige ham det? *Nu* at sværge på bispens
udsagn? Hvad vilde det nytte? Ingen vilde tro mig,
hverken Håkon eller de andre. Bispen vilde han troet
i dødstimen; tvivlen vilde have forgiftet ham; men det måtte
ikke ske. Og så uryggelig som trygheden sidder hos Håkon, så
uryggelig sidder tvivlen hos mig; hvilket menneske på jorden
kan luge den væk? Ingen, ingen. Jernbyrd er båren, Gud har talt,
og endda kan Håkon være den urette, mens jeg forspilder mit
liv. *(Sætter sig grublende ned ved et bord på højre side.)* Og om
jeg nu vandt land og rige, vilde så ikke tvivlen sidde der
ligefuldt og gnage og tære og hule mig ud med sine evige
isdryp? – Jo, jo; men det er bedre at sidde deroppe på
kongssædet og tvivle på sig selv, end at stå nede i flokken
og tvivle pa ham, som sidder deroppe. – Det må ende mellem
mig og Håkon! Ende? Men hvorledes?
(rejser sig.) Almægtige, du, som har stelt det slig for mig, du må
tage skylden for det, som følger efter!
(går frem og tilbage, standser og tænker efter.) Det gælder at
bryde alle broer af, beholde én igen, og sejre eller falde *der*, –
sagde bispen ved kongsbrylluppet i Bergen; det er nu på tredje
året siden, og i al den tid har jeg spildt og splittet mine kræfter
ved at værge for alle broerne. – *(raskt.) Nu* må jeg følge bispens
råd; *nu* eller aldrig! Vi er begge her i Oslo; jeg er mandstærkere
end Håkon dennegang; hvorfor da ikke nytte overtaget, – det er
så sjelden på min side. *(vaklende.)* Men nu inat – straks –?
Nej, nej! Ikke inat! – Ha, ha, ha, – der er det igen, overlægget –
ustøheden! Håkon kender ikke til sligt; han går bent frem, han,
og så sejrer han! *(Gør nogle skridt bortover gulvet og standser
pludselig ved vuggen.)* Kongsbarnet! – Hvor fager en pande. Han
drømmer.
(Breder teppet bedre over og ser længe på barnet.) En slig, som
du, kan berge meget i en mands sjæl. Jeg har ingen søn. *(Bøjer
sig ned over vuggen.)* Han ligner Håkon. –

(Viger med engang tilbage.) Kongsbarnet, sagde dronningen! Bøj dig dybt og hils ham, som konger skal hilses! Dør Håkon før jeg, så løftes dette barn på kongsstolen; og jeg – jeg skal stå nedenfor og bøje mig dybt og hilse ham som konge! *(i stigende oprør.)* Dette barn, Håkons søn, skal sidde deroppe på det sæde, som jeg, kanhænde, er nærmere til, – og jeg skal stå for hans fodskammel, med hvide hår, krøget af ælde, se al min livsgerning ligge ugjort, – dø uden at have været konge! – Jeg er mandstærkere end Håkon, – der blæser en storm ikveld, vinden står udefter fjorden –! Om jeg tog kongsbarnet? Trønderne kan jeg lide på. – Hvad turde vel Håkon vove, når hans barn var i min magt! Mine mænd vil følge mig, vil slå for mig og sejre. Jeg får lønne dem kongeligt, så gør de det. – Lad ske! Skridtet ud; sluget over for første gang! – Kunde jeg se, om du har Sverres øjne – eller Håkon Sverressøns –! Han sover. Jeg kan ikke se det. *(Ophold.)* Søvn er værn. Sov med fred, du lille kongs-emne! *(Går over til bordet.)* Håkon skal dømme; engang til vil jeg tale med ham.

MARGRETE *(kommer med kongen fra stuen på højre side)*. Bispen død! O, tro mig, al ufred dør med ham.

HÅKON. Gå tilsengs, Margrete; du kan være træt efter rejsen.

MARGRETE. Ja, ja! *(til hertugen:)* Fader, vær mild og føjelig, – Håkon har lovet at være det! Tusende godnat, beggeto!

(Giver et vink i døren til venstre og går; et par piger flytter vuggen ind.)

HERTUG SKULE. Kong Håkon, vi *må* ikke skilles som uvenner dennegang. Alt ondt vil følge på; der vil komme en rædselsens tid over landet.

HÅKON. Det har landet været vant til gennem slægter nu; men I ser, Gud er med mig; hver fiende falder, som står mig imod. Der gives ikke Bagler, ikke Slittunger, ikke Ribbunger mere; Jon Jarl er dræbt, Guthorm Ingessøn er død, Sigurd Ribbung ligeså, – alle krav, som kom frem på rigsmødet i Bergen, har vist sig magtesløse, – hvem skulde så rædselenstid komme fra nu?

HERTUG SKULE. Håkon, jeg er ræd, den kunde komme fra mig!

61

HÅKON. Da jeg blev konge, gav jeg eder tredjedelen af riget –
HERTUG SKULE. I beholdt selv to tredjedele!
HÅKON. Altid tørstede I efter mere; jeg øgede eders del; nu sidder I inde med det halve rige.
HERTUG SKULE. Der mangler ti skibreder.
HÅKON. Jeg gjorde eder til hertug; det har ingen mand været i Norge før!
HERTUG SKULE. Men I er konge! Der må ingen konge være over mig! Jeg er ikke skabt til at tjene eder; jeg må styre og råde selv!
HÅKON *(ser et øjeblik på ham og siger koldt)*: Himlen skærme eders forstand, herre. Godnat!
(vil gå.)
HERTUG SKULE *(træder ivejen for ham)*. I slipper ikke fra mig på slig vis! Vogt jer, eller jeg siger mig løs fra eder; I kan ikke blive ved at være min overherre længer; vi to må dele!
HÅKON. Det vover I at sige mig!
HERTUG SKULE. Jeg er kommen mandstærkere til Oslo end I, Håkon Håkonssøn.
HÅKON. Kanhænde det er eders agt –
HERTUG SKULE. Hør mig! Husk bispens ord! Lad os dele; giv mig de ti skibreder til; lad mig tage min del som frit kongedømme, uden skat og udredsler til jer. Norge har været delt i to riger før; – vi vil holde usvigelig sammen –
HÅKON. Hertug, I må være sjælesyg, at I kan kræve sligt!
HERTUG SKULE. Ja, jeg er sjælesyg, og der er ingen helsebod for mig på anden vej. Vi to må være ligemænd; der må ingen være over mig!
HÅKON. Hver træløs holme er en sten i den bygning, som Harald Hårfager og den hellige kong Olaf rejste; og I vil, at jeg skal bryde fra hinanden, hvad de har føjet sammen? Aldrig!
HERTUG SKULE. Nu, så lad os skiftes til om magten; lad os råde tre år hver! I har rådet længe; nu er *min* tid kommen. Drag af landet i tre år; – jeg vil være konge imens; jeg vil jævne vejen for jer til I vender hjem, styre og lede alt til det bedste; – det tærer og sløver at sidde stadig på vagt. Håkon, hører I, – tre år

hver; lad os byttes til om kronen!
HÅKON. Tror I, at min krone vil passe om eders tindinger?
HERTUG SKULE. Ingen krone er for vid for mig!
HÅKON. Der skal Guds ret og Guds kald til at bære kronen.
HERTUG SKULE. Og I tror så visst, at I har Guds ret?
HÅKON. Det har jeg Guds dom for.
HERTUG SKULE. Stol ikke så trygt på den. Havde bispen fået tale, – dog, nu vilde det være forgæves; I vilde ikke tro mig. Ja visselig har I mægtige forbundsfæller deroppe; men jeg trodser alligevel! – I vil ikke skiftes til om kongsmagten? Ja, ja – så får vi vælge den sidste udvej; – Håkon, lad os to kæmpe mod hinanden, mand mod mand, med tunge våben, på liv og død!
HÅKON. Taler I alvor, herre?
HERTUG SKULE. Jeg taler for min livsgerning og for min sjæls frelse!
HÅKON. Da er der lidet håb om frelse for eders sjæl.
HERTUG SKULE. I vil ikke kæmpe med mig? I skal, I skal!
HÅKON. Forblindede mand! Jeg kan ikke andet end ynke eder. I tror det er herrens kald, som driver eder op på kongssædet, I ser ikke, at det kun er hovmod. Hvad er det, som lokker jer! Kongsringen, kåben med purpurbræm, retten til at sidde bænket tre trin over gulvet; – usselt, usselt, – var *det* at være konge, da kastede jeg kongedømmet i edershat, som jeg kaster en skærv til en tigger.
HERTUG SKULE. I har kendt mig fra I var barn, og dømmer mig slig!
HÅKON. I har alle sindets ypperlige gaver, kløgt og mod, I er skabt til at stå kongen nærmest, men ikke til at være konge selv.
HERTUG SKULE. Det vil vi prøve nu!
HÅKON. Nævn mig et eneste kongsværk, I har øvet, i alle de år I styrede riget for mig! Var Baglerne eller Ribbungerne nogentid mægtigere end da? I var den modne mand, men landet hærgedes af oprørske flokke; – fik I bugt med en eneste? Jeg var ung og uerfaren, da jeg tog rigsstyret, – se på mig – alt faldt tilfode, da jeg blev konge; der er ingenBagler, ingen Ribbunger mere!
HERTUG SKULE. Det skulde I mindst prale med; thi *der* er faren

størst. Flok må stå mod flok, krav mod krav, landsdel mod landsdel, hvis kongen skal være den mægtige. Hver bygd, hver æt, må enten trænge til ham eller frygte ham. Rydder I al ufred ud, så har I med det samme taget magten fra eder selv.

HÅKON. Og I vil være konge, – I, som dømmer slig? I kunde blevet en dugelig høvding på Erling Skakkes tider; men tiden er vokset fra jer og I skønner den ikke. Ser I da ikke, at Norges rige, således som Harald og Olaf rejste det, kun er at ligne med en kirke, som ikke har fået vigselen endnu? Væggene højner sig med stærke støtter, loftshvælven spænder sig vidt over, spiret peger opad, lig gran i skogen; men livet, det bankende hjerte, den friske blodflom går ikke gennem værket; Guds levende ånde er ikke indblæst det; det har ikke fået vigselen. – Jeg vil bringe vigselen! Norge var et *rige*, det skal blive et *folk*. Trønder stod mod Vikværing, Agdeværing mod Hørdalænding, Hålogalænding mod Sogndøl; alle skal være ét herefter, og alle skal vide med sig selv og skønne at de er ét! *Det* er hvervet, som Gud har lagt på mine skuldre; *det* er gerningen, som skal gøres af Norges konge nu. Den gerning, hertug, den tænker jeg I lader ligge, thi sandelig, I årker den ikke!

HERTUG SKULE *(slagen)*. Samle –? Samle til ét Trønder og Vikværing, – alt Norge –? *(vantro.)* Det er ugørligt! Sligt melder aldrig Norges saga om før!

HÅKON. For *eder* er det ugørligt; thi I kan kun gøre den gamle saga om igen; men for mig er det let, som det er let for falken at kløve skyerne.

HERTUG SKULE *(i urolig bevægelse)*. Samle alt folket, – vække det, så det kender sig at være ét! Hvor har I slig sælsom tanke fra? Den isner og ildner mig. *(udbrydende:)* I har den fradjævelen, Håkon; den skal aldrig sættes i værk, sålænge jeg har kræfter til at spænde stålhuen på mit hoved!

HÅKON. Jeg har tanken fra Gud og slipper den ikke, sålænge jeg bærer hellig Olafs kongsring om panden!

HERTUG SKULE. Så får hellig Olafs kongsring falde!

HÅKON. Hvem vil volde det?
HERTUG SKULE. Jeg, om ingen anden.
HÅKON. I, Skule, I bliver uskadelig på thinget imorgen.
HERTUG SKULE. Håkon! Frist ikke Gud! Driv mig ikke ud på den yderste rand af stupet!
HÅKON *(peger mod døren)*. Gå, herre, – og lad det være glemt, at vi har talt med hvasse tunger ikveld.
HERTUG SKULE *(ser et øjeblik stift på ham og siger)*: Vi kommer til at tale med hvassere tunger næste gang. *(går ud i baggrunden.)*
HÅKON *(efter et kort ophold)*: Han truer! – Nej, nej; så vidt vil det ikke komme. Han må, han skal føje sig og falde mig tilfode; jeg trænger denne stærke arm, dette snilde hoved. – Når der findes mod og kløgt og styrke i dette land, så er det evner, som Gud har givet mændene til brug for mig; – det er for at tjene mig, at hertug Skule fik alle gode gaver; at trodse mig er at trodse himlen; det er min pligt at straffe hver den, som sætter sig op mod himlens vilje, – thi himlen har gjort så meget for mig.
DAGFINN BONDE *(kommer fra baggrunden)*. Herre, vær vagtsom inat; hertugen har visselig ondt isinde.
HÅKON. Hvad siger du?
DAGFINN BONDE. Hvad han pønser på, véd jeg ikke; men at der er noget igære, er sikkert nok.
HÅKON. Skulde han tænke på at overfalde os? Umuligt. umuligt!
DAGFINN BONDE. Nej, det er noget andet. Hans skibe ligger klare til at sejle; der skal holdes thing ombord.
HÅKON. Du tager fejl –! Gå, Dagfinn, og bring mig sikkert bud.
DAGFINN BONDE. Ja, ja; I kan lide på mig. *(går.)*
HÅKON. Nej, – det vilde være utænkeligt! Hertugen tør ikke rejse sig imod mig. Gud giver ham ikke lov til det, – Gud, som har gjort det så vidunderlig godt for mig hidtil. *Nu* må jeg have fred, *nu* skal jeg jo til at begynde! – Jeg har virket så lidet endnu; men jeg hører Herrens usvigelige røst råbe i mig: du skal fremme et stort kongsværk i Norge.
GREGORIUS JONSSØN *(kommer fra baggrunden)*. Min herre og konge!
HÅKON. Gregorius Jonssøn! Kommer I hid?

GREGORIUS JONSSØN. Jeg byder mig frem som eders
håndgangne mand; så langt har jeg fulgt hertugen; *nu tør
jeg ikke følge ham længer,*
HÅKON. Hvad er der hændt?
GREGORIUS JONSSØN. Det, som ingen mand vil tro, når rygtet
bærer det ud over landet.
HÅKON. Tal, tal!
GREGORIUS JONSSØN. Jeg ræddes for at høre lyden af mine egne
ord; – vid da – *(griber ham om armen og hvisker.)*
HÅKON *(farer tilbage med et skrig).* Ha, I er fra sans og samling!
GREGORIUS JONSSØN. Gud give jeg var det.
HÅKON. Uhørt! det kan ikke være så!
GREGORIUS JONSSØN. Ved Kristi dyre blod, det er så!
HÅKON. Gå, gå; lad blæse til hirdstævne; alle mine mænd skal samles. *(Gregorius Jonssøn går.)*
HÅKON *(går nogle gange frem og tilbage, derpå nærmer han sig rask døren til Margretes kammer, banker på, vedbliver et par gange at gå op og ned, går atter til døren, banker og råber)*: Margrete! *(vedbliver at gå frem og tilbage.)*
MARGRETE *(i døren, natklædt, med udslået hår; om skuldrene har hun en rød snørekåbe, som hun holder tæt sammen over brystet).* Håkon! Er det dig?
HÅKON. Ja, ja; du må komme herud.
MARGRETE. O, men så må du ikke se på mig; jeg var alt gået tilsengs.
HÅKON. Andet har jeg nu at tænke på.
MARGRETE. Hvad er der hændt?
HÅKON. Giv mig et godt råd! Nys bragtes mig den værste af alle tidender.
MARGRETE *(angst).* Hvilken tidende, Håkon?
HÅKON. At der er to konger i Norge nu.
MARGRETE. To konger i Norge! – Håkon, hvor er min fader?
HÅKON. Han tog kongsnavn ombord; nu sejler han til Nidaros for at lade sig krone.
MARGRETE. O, Gud, du almægtigste –! *(synker ned på bænken, bedækker ansigtet med sine hænder og græder.)*

HÅKON. To konger i landet!
MARGRETE. Min husbond den ene, – og min fader den anden!
HÅKON *(går uroligt frem og tilbage).* Giv mig et godt råd, Margrete!
Skulde jeg gå over Oplandene, komme først til Trøndelagen
og hindre kroningen? Nej, ugørligt; jeg har for ringestridsmagt
samlet; der nordpå er han mægtigere end jeg. – Giv mig råd;
hvorledes skal jeg få hertugen dræbt, før han kommer til
Nidaros?
MARGRETE *(bønligt, med foldede hænder).* Håkon, Håkon!
HÅKON. Kan du ikke finde på et kløgtigt råd til at få hertugen dræbt,
siger jeg!
MARGRETE *(synker i smerte ned fra bænken og ligger knælende).* O,
glemmer du da så rent, at han er min fader!
HÅKON. Din fader –; ja, ja, det er sandt; det glemte jeg. *(løfter hende
op.)* Sæt dig, Margrete; du får være trøstig; græd ikke; du har jo
ingen skyld i dette.
(går over mod vinduet.) Hertug Skule bliver mig værre end alle
andre fiender! – Gud, Gud, – hvorfor slår du mig så hårdt, mig,
som intet har forbrudt!
*(det banker i baggrunden; han farer sammen, lytter og
råber:)* Hvem banker derude så sent på kvelden?
INGAS STEMME *(udenfor).* En som fryser, Håkon!
HÅKON *(med et skrig).* Min moder!
MARGRETE *(springer op).* Inga!
HÅKON *(iler til døren og lukker op; Inga sidder på dørtrinet).* Min
moder! Siddende som en hund udenfor sin søns dør! Og jeg
spørger, hvi Gud slår mig!
INGA *(strækker armene mod ham).* Håkon, mit barn! Velsignelse
over dig!
HÅKON *(løfter hende op).* Kom – kom herind; her er lyst og varmt!
INGA. Må jeg komme ind til dig?
HÅKON. Vi skal aldrig skilles mere.
INGA. Min søn – min konge, – o, hvor du er god og kærlig! Jeg stod i
en krog og så dig, da du gik fra bispegården; du så så sorgfuld
ud; jeg *kunde* ikke skilles fra dig på slig vis!

HÅKON. Gud være takket for det. Du var visselig den bedste, som kunde komme nu! Margrete, – min moder, – jeg har syndet svarligen; jeg har stængt mit hjerte for eder to, som er så rige på kærlighed.
MARGRETE *(kaster sig om hans hals)*. O, Håkon, min elskede husbond; står jeg dig da nu nær?
HÅKON. Ja, ja; det gør du; ikke for at give mig kloge råd, men for at lyse og skinne på min vej. Lad komme hvad der vil, jeg kender Herrens styrke i mig!
DAGFINN BONDE *(kommer ilsomt fra baggrunden)*. Herre, herre! *Nu* er det værste hændt!
HÅKON *(smiler tillidsfuldt, idet han trykker Margrete og Inga tæt op til sig)*. Jeg véd det; men det har ingen nød, gamle Dagfinn! Er der end to konger i Norge, så er der kun én i himlen, – og *han* grejder det nok!
Teppet falder.

FJERDE AKT

(Stor hal i Oslo kongsgård. Kong Skule holder gilde med sin hird og sine høvdinger. I forgrunden til venstre står højsædet, hvor Skule sidder rigt klædt, med purpurkåbe og kongsring om hovedet. Natverdsbordet, hvorom gæsterne er bænkede, strækker sig fra højsædet op mod baggrunden. Ligeover for Skule sidder Pål Flida og Bård Bratte. Endel ringere gæster beværtes stående over på højre side. Det er sen aften; hallen er stærkt oplyst. Gildet lider mod slutten; mændene er meget lystige og tildels drukne; de drikker hverandre til, ler og taler i munden på hverandre.)
PÅL FLIDA *(rejser sig og slår til lyd)*. Stille i hallen; Jatgejr skald vil sige sit kvad til ære for kong *Skule*.
JATGEJR *(står frem midt på gulvet)*.
Hertug Skule blæste til Ørething under messen i Nidaros by; hertug Skule tog kongsnavn, mens klokkerne ringed, og sværdslag på skjold gav gny.
Kong Skule skred over Dovreskard med tusende svende på

ski; Gudbrandsdølerne græd for grid og købte med sølv sig fri. Kong Skule sørover Mjøsen foer, – Oplændingen svor og snærred; kong Skule foer gennem Raumarike til Låka i Nannestad herred.

Det var den hellige faste-uge; Birkebejnerhæren kom; Knut jarl var høvding, – sværdene talte og fældte i kongstrætten dom.

Det siges forvisst: siden Sverres dage stod aldrig så hed en strid; blommet, som blodige kæmpers lagen, blev vidden, der før var hvid.

De satte på sprang, de Birkebejner, – slang fra sig både biler og skjolde; mange hundrede satte dog *ikke* på sprang. for de lå og var isende kolde. –

Ingen véd, hvor kong Håkon færdes; – kong Skule har byer og borge. Hil dig, herre! Længe sidde du stor, som konge for hele Norge!

SKULES MÆND *(springer op under stormende jubel, løfter krusene og bægrene ivejret, slår på sine våben og gentager):*
Hil dig, herre! Længe sidde du stor, som konge for hele Norge!

KONG SKULE. Tak for kvadet, Jatgejr skald! Det er, som jeg bedst liker det; thi det priser mine mænd ligeså fuldt som mig selv.

JATGEJR. Det er kongens ære, at hans mænd kan prises.

KONG SKULE. Tag som skaldeløn denne armring, bliv hos mig og gå mig tilhånde; jeg vil have mange skalde om mig.

JATGEJR. Det kan trænges, herre, ifald der skal gøres kvad om alle eders gerninger.

KONG SKULE. Jeg vil være trefold gavmildere end Håkon; skaldskab skal agtes og lønnes som andet storværk, sålænge jeg er konge. Tag sæde; du hører nu til hirden; alt, hvad du trænger, skal frit gives dig.

JATGEJR *(sætter sig).* Hvad jeg mest trænger, vil det snart skorte eder højlig på, herre.

KONG SKULE. Hvilket?

JATGEJR. Kongsfiender, hvis flugt og fald jeg kan kvæde om.

MANGE BLANDT MÆNDENE *(under latter og bifald).* Vel talt,

Islænding!

PÅL FLIDA *(til Jatgejr)*. Kvadet var godt; men lidt løgn skal der jo være i hvert skaldeværk, og så var det da også i dit.

JATGEJR. Løgn, herre stallare?

PÅL FLIDA. Ja; du siger, at ingen véd, hvor kong Håkon færdes; det er ikke så; der meldes for visst, at Håkon er i Nidaros.

KONG SKULE *(smilende)*. Ja, han har ladet kongsbarnet hylde og givet det kongsnavn.

JATGEJR. Det har jeg hørt; men jeg vidste ikke, at nogen mand kunde give bort, hvad han ikke selv ejer.

KONG SKULE. Det falder lettest at give, hvad en ikke selv ejer.

BÅRD BRATTE. Men hårdt må det være, at fare midtvinters fra Bergen til Nidaros, når en skal tigge sig frem.

JATGEJR. Det går i ring med Birkebejnerne; de begyndte med sult og frost; nu ender de på samme vis.

PÅL FLIDA. I Bergen går det rygte, at Håkon har forsaget kirken og alt det, som helligt er; han lydde ikke messe nytårsdag.

BÅRD BRATTE. Han havde lovligt forfald, Pål; han stod hele dagen og hug sine sølvkar og sølvdiske istykker, – andet havde han ikke at lønne hirden med.

(Latter og højrøstet tale mellem gæsterne.)

KONG SKULE *(løfter sit krus)*. Nu drikker jeg dig til. Bård Bratte, og takker dig og alle mine nye mænd. I stred mandeligt for mig ved Låka, og har stor del i sejren.

BÅRD BRATTE. Det var første gang jeg stred under eder, herre; men jeg skønte snart, det var let at sejre, når slig høvding, som I, rider fremst i fylkingen. Men det var ilde, at vi slog så mange og jog dem så langt; nu vil der gå en hel tid, før de vover sig imod os igen, er jeg ræd for.

KONG SKULE. Vent til våren kommer, så møder vi dem nok. Nu sidder Knut jarl med dem, som frelstes, nede på berget ved Tunsberg, og Arnbjørn Jonssøn samler folk øster i Viken; når de tror sig mandstærke nok, lader de vel høre fra sig.

BÅRD BRATTE. Det vover de ikke, efter det store mandefald ved Låka.

KONG SKULE. Så lokker vi dem ud med list.
MANGE STEMMER. Ja, ja, – gør det, herre!
BÅRD BRATTE. List har I god råd på, kong Skule. Eders fiender véd aldrig af det, før I er over dem, og altid er I der, hvor en mindst skulde vente det.
PÅL FLIDA. Derfor er det, at Birkebejnerne kalder os Vårbælger.
KONG SKULE. Andre siger Vargbælger; men det sværger jeg nu, at når vi næste gang mødes, skal Birkebejnerne sande, hvor svært det er, at krænge bælgen af slige varger.
BÅRD BRATTE. Med deres gode vilje mødes vi ikke; – det blir en jagt hele landet rundt.
KONG SKULE. Det skal det også. Først renser vi Viken, og lægger landet under os her øster, så samler vi skibe, går rundt næsset og hele leden opover til Nidaros.
BÅRD BRATTE. Og når I på slig vis kommer til Nidaros, tænker jeg ikke korsbrødrene nægter jer, at flytte hellig Olafs skrin ud på thingvolden, som de gjorde i høst, da I blev hyldet.
KONG SKULE. Skrinet *skal* ud; jeg vil bære mit kongsnavn lovligt i alle måder.
JATGEJR. Og jeg lover jer, at kvæde et stort *drapa*, når I får dræbt den sovende mand!
(Udbrud af latter mellem mændene.)
KONG SKULE. Den sovende mand?
JATGEJR. Véd I ikke, herre, at kong Håkon kaldes «Håkon søvn», fordi han sidder ligesom lamslået, siden I fik magten.
BÅRD BRATTE. Han ligger med lukkede øjne, siges der. Han drømmer vel, at han er konge endnu.
KONG SKULE. Lad ham drømme; han skal aldrig drømme sig til kongedømmet.
JATGEJR. Lad hans søvn blive lang og uden drømme, så får jeg stof til et kvad.
MÆNDENE. Ja, ja, gør som skalden siger!
KONG SKULE. Når så mange gode mænd råder ens, må rådet være godt; dog, om den sag vil vi ikke tale nu. Men et løfte vil jeg gøre; – hver af mine mænd skal tage våben og klæder, guld og

sølv, som arv og eje efter den fiende, han fælder; og hver
mand skal tage den værdighed, som han lægger ned. Den, som
dræber en lendermand, skal selv blive lendermand; den, som
dræber en sysselmand, skal gives syssel efter den dræbte; og
alle de, som sidder inde med slige værdigheder og embeder før,
skal lønnes på anden kongelig vis.

MÆNDENE *(springer op i vild glæde)*. Hil, hil kong Skule! Før os mod Birkebejnerne!

BÅRD BRATTE. *Nu er I sikker på sejren i alle slag!*

PÅL FLIDA. Jeg vil have Dagfinn Bonde for *mig*; han ejer et godt sværd, som jeg længe har ønsket.

BÅRD BRATTE. Jeg vil have Bård Torstejnssøns brynje; den bergede hans liv ved Låka, for den står mod hug og stik.

JATGEJR. Nej, lad mig få den; den passer mig bedre; du skal få fem mærker guld i bytte.

BÅRD BRATTE. Hvor vil du tage fem mærker guld fra, skald?

JATGEJR. Jeg vil tage dem fra Gregorius Jonssøn, når vi kommer nordpå.

MÆNDENE *(i munden på hverandre)*: Og jeg vil have – jeg vil have – *(resten bliver utydeligt i larmen.)*

PÅL FLIDA. Afsted, hver til sit herberge; kom ihug, at I er i kongens hal.

MÆNDENE. Ja, ja, – hil kongen, hil kong Skule!

KONG SKULE. Tilsengs nu, I gode mænd! Vi har siddet længe ved drikkebordet inat.

EN HIRDMAND *(idet flokken holder på at gå)*. Imorgen trækker vi lod om Birkebejnernes gods.

EN ANDEN. Lad heller tilfældet råde!

NOGLE. Nej, nej!

ANDRE. Jo, jo!

BÅRD BRATTE. Nu slås Vargbælgerne om bjørnefellen.

PÅL FLIDA. Og bagefter fælder de bjørnen.

(Alle går ud i baggrunden.)

KONG SKULE *(venter til mændene er borte; spændingen i hans træk slappes, han synker ned på en af bænkene)*. Hvor jeg er træt,

dødsens træt. Dag ud og dag ind at stå midt i denne sværm, se smilende fremad, som om jeg var så uryggelig viss på retten og sejren og lykken. Ikke have et menneske, jeg kan tale med om det, der gnager mig så sårt. *(Rejser sig med et udtryk af skræk.)* Og så slaget ved Låka! At jeg sejrede der! Håkon sendte sin hær mod mig; Gud skulde skifte og dele mellem de to konger, – og jeg sejrede, sejrede, som aldrig nogen har sejret over Birkebejnerne før! Skjoldene stod fast i sneen, men der var ingen bagved dem; – Birkebejnerne satte tilskogs, over vidder og moer og bakker, sålangtbenene vilde bære dem. Det utrolige skede; Håkon tabte og jeg vandt. Der er en lønlig rædsel i den sejr. Du store himmelens Gud, der er altså ingen sikker lov deroppe, som alt skal gå efter? Der ligger ingen sejrende magt i *det*, at have ret?
(vildt afbrydende.) Jeg er syg, jeg er syg! – Hvorfor skulde ikke retten være på min side? Er det ikke ligesom Gud selv vilde gøre mig viss på det, siden han lod mig sejre?
(grublende.) Muligheden er lige; – ikke en fjær mere på den ene side, end på den anden, og dog – *(ryster på hovedet.)* dog tynger vægten for Håkon. Jeg har had og hede ønsker at kaste i min skål, og dog tynger vægten for Håkon. Kommer tanken om kongsretten uforvarende over mig, da er det altid ham, aldrig mig, som er den sande konge. Skal jeg se mig selv som den rette, da må det gøres med kunst, jeg må rejse en sindrig bygning, et værk af kløgt; jeg må jage mindelser fra mig, og tage troen med magt. Slig var det aldrig før. Hvad er der da hændt, som har gjort mig så tvivlende siden? At bispen brændte brevet? Nej, – derved blev uvissheden evig; men den blev ikke større. Har da Håkon gjort nogen stor kongelig gerning på den sidste tid? Nej, sine største gerninger øvede han, da jeg mindst troede på ham. *(sætter sig ned på højre side.)* Hvad *er* det? Ha, det er sælsomt; det kommer og svinder som et blålys; det danser mig på tungespidsen, ligesom når en har mistet et ord og ikke kan finde det igen. *(springer op.)* Ha! Nu har jeg det!Nej –! Jo, jo! nu har jeg det! – «Norge var et *rige*;

det skal blive et *folk*; alle skal blive ét, og alle skal vide med sig selv, at de *er* ét!» Siden Håkon talte disse galmandsord, står han stadigt for mig som den rette konge. *– (Ser angst frem for sig og hvisker:)* Om der glimtede et Guds kald i disse sælsomme ord? Om Gud havde siddet inde med tanken til nu, og vil strø den ud – og har kåret Håkon til såmand?

PÅL FLIDA *(kommer ind fra baggrunden)*. Herre konge, jeg har nyt at melde.

KONG SKULE. Nyt?

PÅL FLIDA. En mand, som kommer nedenfra fjorden, fortæller, at Birkebejnerne i Tunsberg har sat sine skibe på vandet, og at der har stævnet mange mænd sammen til byen i de sidste dage.

KONG SKULE. Godt, vi vil møde dem – imorgen, eller så.

PÅL FLIDA. Herre, det kunde hænde, Birkebejnerne tænkte på at møde os først.

KONG SKULE. Det har de ikke skibe nok til, og ikke mandskab heller.

PÅL FLIDA. Men Arnbjørn Jonssøn samler både mandskab og skibe rundt om i Viken.

KONG SKULE. Desbedre; så slår vi dem allesammen, ligesom ved Låka.

PÅL FLIDA. Herre, det går ikke så let, at slå Birkebejnerne to gange itræk.

KONG SKULE. Og hvorfor ikke det?

PÅL FLIDA. Fordi Norges saga ikke melder, at sligt er hændt før i tiden. – Skal jeg ikke skikke spejdere ud til Hovedø?

KONG SKULE. Det trænges ikke; det er mørk nat, og skodde til.

PÅL FLIDA. Ja, ja, kongen skønner det bedst; men kom ihug, herre, at alle er jer imod her i Viken. Bymændene i Oslo hader jer, og kommer Birkebejnerne, så gør de fælles sag med dem.

KONG SKULE *(med liv)*. Pål Flida, skulde det ikke være tænkeligt, at jeg kunde få Vikværingerne på min side?

PÅL FLIDA *(ser forundret på ham og ryster på hovedet)*. Nej, herre, det er ikke tænkeligt.

KONG SKULE. Og hvorfor ikke?

PÅL FLIDA. Nej, for I har jo Trønderne på eders side.

KONG SKULE. Både Trøndere og Vikværinger vil jeg have!
PÅL FLIDA. Nej, herre, det er ikke gørligt.
KONG SKULE. Ikke tænkeligt; ikke gørligt! Og hvorfor – hvorfor ikke?
PÅL FLIDA. Fordi Vikværingen er Vikværing og Trønderen Trønder, og fordi sagaen ikke melder om andet, og fordi det altid har været slig.
KONG SKULE. Ja, ja, – du har ret. Gå.
PÅL FLIDA. Og jeg skal ingen spejdere sende?
KONG SKULE. Vent til daggry. *(Pål Flida går.)* Norges saga melder ikke om sligt; det har aldrig været så før. Pål Flida svarer mig, som jeg svarede Håkon. Er der da trappetrin både over og under? Højner Håkon sig ligeså højt over mig, som jeg højner mig over Pål Flida? Skulde Håkon have fået syn for de ufødte tanker, og ikke jeg? Hvem var jevnhøj medHarald Hårfager, den tid der sad en konge på hvert næss, og han sagde: nu får de falde, herefter skal der kun være én. Han kastede den gamle saga overende, skabte en ny saga.*(Ophold; han går grundende frem og tilbage; derpå standser han.)* Kan en mand tage Guds kaldelse fra en anden, således som han kan tage våben og guld fra sin fældte fiende? Kan et kongsemne tage kongsgerningen på sig, således som han kan tage kongskåben på? Egen, som fældes til skibstømmer, kan *den* sige: jeg vil være masten i skibet, jeg vil tage furuens gerning, pege rank og skinnende opad, bære gylden fløj på toppen, slå med hvide, bugnende sejl i solskinnet og synes for folket langt, langt borte? – Nej, nej, du tunge, knudrede egestamme, din plads er under kølen; *der* skal du ligge og gøre nytte, stilt og usét af hvert øje oppe i dagen; – dig er det, som skal hindre skibet fra at kantre i uvejret; masten med guldfløj og med bugnende sejl skal føre det frem mod det nye, mod det ukendte, mod de fremmede strande og mod den vordende saga! *(heftigt.)* Siden Håkon talte sin store kongstanke ud, ser jeg ingen anden tanke i verden, end den ene. Kan jeg ikke tage den og gøre den til sandhed, så øjner

jeg ingen tanke at stride for.

(tankefuld.) Og kan jeg det da ikke? Hvis jeg ikke kunde, hvorfor elsker jeg da Håkons tanke?

JATGEJR *(kommer ind fra baggrunden).* Tilgiv, herre konge, at jeg kommer –

KONG SKULE. Godt at du kommer, skald!

JATGEJR. Jeg hørte bymændene tale gådefuldt i herberget om at –

KONG SKULE. Vent med det. Sig mig, skald; du, som har faret vidt om i fremmede lande, har du nogentid set en kvinde elske et fremmed barn? Ikke blot have det kær, – *det* mener jeg ikke; men *elske* det, elske det med sin sjæls hedeste kærlighed?

JATGEJR. Det gør kun de kvinder, som ikke har egne børn at elske.

KONG SKULE. Kun *de* kvinder –?

JATGEJR. Og helst de kvinder, som er ufrugtbare.

KONG SKULE. Helst de ufrugtbare –? De elsker de andres børn med al sin hedeste kærlighed?

JATGEJR. Det hænder ofte.

KONG SKULE. Og hænder det ikke også stundom, at slig ufrugtbar kvinde dræber en andens barn, fordi hun selv intet har?

JATGEJR. Å jo; men hun gør ikke klogt i det.

KONG SKULE. Klogt?

JATGEJR. Nej, thi hun giver sorgens gave til den, hvis barn hun dræber.

KONG SKULE. Tror du, at sorgens gave er så meget god?

JATGEJR. Ja, herre.

KONG SKULE *(ser visst på ham).* Der er ligesom to mænd i dig, Islænding. Sidder du mellem hirden i lystigt lag, så drager du kappe og kofte over hver din tanke; er en ene med dig,ligner du stundom dem, en får lyst til at vælge sin ven iblandt. Hvoraf kommer det?

JATGEJR. Når I går til svømning i elven, herre, så klæder I eder ikke af, hvor kirkealmuen må forbi; men I søger jer et lønligt skjul.

KONG SKULE. Forstår sig.

JATGEJR. Jeg har sjælens blygsel; derfor klæder jeg mig ikke af, når

der er så mange i hallen.
KONG SKULE. Hm. *(Kort ophold.)* Sig mig, Jatgejr, hvorledes gik det til, at du blev skald? Hvem lærte du skaldskabet af?
JATGEJR. Skaldskab læres ikke, herre.
KONG SKULE. Læres det ikke? Hvorledes gik det da til?
JATGEJR. Jeg fik sorgens gave og så var jeg skald.
KONG SKULE. Så det er sorgens gave, som skalden trænger?
JATGEJR. *Jeg* trængte sorgen; der kan være andre, som trænger troen eller glæden – eller tvivlen –
KONG SKULE. Tvivlen også?
JATGEJR. Ja; men da må den tvivlende være stærk og frisk.
KONG SKULE. Og hvem kalder du en ufrisk tvivler.
JATGEJR. Den, som tvivler på sin egen tvivl.
KONG SKULE *(langsomt)*. Det tykkes mig at være døden.
JATGEJR. Det er værre; det er tusmørket.
KONG SKULE *(raskt, idet han ligesom ryster tankerne af sig)*. Hvor er mine våben! Jeg vil stride og handle, – ikke tænke. Hvad var det, du vilde melde mig, da du kom?
JATGEJR. Jeg vilde melde, hvad jeg mærkede i herberget. Bymændene taler lønligt sig imellem; de ler hånligt og spørger, om vi véd så visst, at kong Håkon er vesterpå; der er noget de glæder sig over.
KONG SKULE. De er Vikværinger, og Vikværingerne er mig imod.
JATGEJR. De spotter over, at kong Olafs helgenskrin ikke kunde flyttes ud på thingvolden, da I blev hyldet; de siger, det er et ondt varsel.
KONG SKULE. Næstegang jeg kommer til Nidaros *skal* skrinet ud; det skal stå under åben himmel, om jeg så skal rive Olafskirken i grus og vide thingvolden ud over den tomt, den stod på!
JATGEJR. Stærk gerning er det; men jeg skal digte et kvad derom, ligeså stærkt som gerningen.
KONG SKULE. Sidder du inde med mange udigtede kvad, Jatgejr?
JATGEJR. Nej, men med mange ufødte; de undfanges et efter et, får liv og så fødes de.
KONG SKULE. Og hvis jeg, som er konge og har magten, hvis jeg lod

dig dræbe, vilde så hver en ufødt skaldetanke, du bærer på, dø med dig?

JATGEJR. Herre, det er en stor synd at dræbe en fager tanke.

KONG SKULE. Jeg spørger ikke om det er *synd*; men jeg spørger om det er *gørligt*!

JATGEJR. Jeg véd ikke.

KONG SKULE. Har du aldrig havt en anden skald til ven, og har han aldrig skildret for dig et stort og herligt kvad, som han vilde digte?

JATGEJR. Jo, herre.

KONG SKULE. Ønskede du så ikke, at du kunde dræbe ham, for at tage hans tanke og digte kvadet selv?

JATGEJR. Herre, jeg er ikke ufrugtbar; jeg har egne børn; jeg trænger ikke til at elske andres. *(Går.)*

KONG SKULE *(efter et ophold).* Islændingen er visselig skald. Han taler Guds dybeste sandhed og véd det ikke. – *Jeg* er som en ufrugtbar kvinde. Derfor elsker jeg Håkons kongeligetankebarn, elsker det med min sjæls hedeste kærlighed. O, kunde jeg også knæsætte det! Det vilde dø i mine hænder. Hvad er bedst, enten at det dør i mine hænder, eller at det vokser sig stort i hans? Får jeg fred i sjælen, hvis det sker? Kan jeg forsage? Kan jeg se på, at Håkon sætter sig sligt eftermæle! – Hvor det er dødt og tomt indeni mig, – og rundt om. Ingen ven –; Islændingen! *(går til døren og råber ud:)* Er skalden gået fra kongsgården?

EN HIRDMAND *(udenfor).* Nej, herre, han står i forhallen og taler med vagten.

KONG SKULE. Så sig, han skal komme ind! *(går nedover til bordet; om lidt kommer Jatgejr.)* Jeg kan ikke sove, Jatgejr; det er alle de store kongelige tanker, som holder mig vågen, ser du.

JATGEJR. Det er med kongens tanker som med skaldens, kan jeg skønne. De flyve højest og vokser bedst, når der er stilhed og nat omkring.

KONG SKULE. Er det *så* med skaldens også?

JATGEJR. Ja, herre; intet kvad fødes ved dagslys; det kan tegnes ned i solskin; men det digter sig en stille nattetime.

KONG SKULE. Hvem gav dig sorgens gave, Jatgejr?
JATGEJR. Den, jeg elskede.
KONG SKULE. Hun døde da?
JATGEJR. Nej, hun sveg mig.
KONG SKULE. Og så blev du skald?
JATGEJR. Ja, så blev jeg skald.
KONG SKULE *(griber ham om armen)*. Hvad gave trænger jeg for at blive konge?
JATGEJR. Ikke tvivlens; thi da spurgte I ikke så.
KONG SKULE. Hvad gave trænger jeg?
JATGEJR. Herre, I *er* jo konge.
KONG SKULE. Tror *du* til hver en tid så visst, at du er *skald*?
JATGEJR *(ser en stund taus på ham og spørger)*: Har I aldrig elsket?
KONG SKULE. Jo engang, – brændende, fagert og i brøde.
JATGEJR. I har en hustru.
KONG SKULE. Hende tog jeg til at føde mig sønner.
JATGEJR. Men I har en datter, herre, – en mild og herlig datter.
KONG SKULE. Var min datter en søn, så spurgte jeg ikke dig, hvad gave jeg trængte. *(udbrydende:)* Jeg må have nogen om mig, som lyder mig uden vilje selv, – som tror usvigelig på mig, som vil holde sig inderst til mig i godt og ondt, som kun lever for at lyse og varme over mit liv, som må dø, om jeg falder. Giv mig et råd, Jatgejr skald!
JATGEJR. Køb eder en hund, herre.
KONG SKULE. Skulde ikke et menneske strække til?
JATGEJR. Sligt menneske måtte I lede længe efter.
KONG SKULE *(pludseligt)*. Vil du være det for mig, Jatgejr? Vil du være mig en søn! Du skal få Norges krone i arv, – du skal få land og rige, hvis du vil være mig en søn, leve for mit livsværk og tro på mig!
JATGEJR. Og hvad sikkerhed skulde jeg stille for, at jeg ikke hyklede –?
KONG SKULE. Slip dit kald i livet; digt aldrig mere, så vil jeg tro dig!
JATGEJR. Nej, herre, – det var at købe kronen for dyrt.
KONG SKULE. Tænk dig om! Det er mere at være konge end at være

79

skald!
JATGEJR. Ikke altid.
KONG SKULE. Det er kun dine udigtede kvad du skal ofre!
JATGEJR. Udigtede kvad er stedse de fagreste.
KONG SKULE. Men jeg må – jeg må have et menneske, som kan tro på mig! Blot et eneste! Jeg føler det, – har jeg det, så er jeg frelst!
JATGEJR. Tro på eder selv, da er I frelst!
PÅL FLIDA *(kommer ilsomt)*. Kong Skule, værg jer nu! Håkon Håkonssøn ligger ved Elgjarnæss med hele sin flåde!
KONG SKULE. Ved Elgjarnæss –! Han er ikke langt borte da.
JATGEJR. Nu i stål og plade! Sker her mandefald inat, skal jeg gladelig være den første, som falder for eder!
KONG SKULE. Du, som ikke vilde leve for mig.
JATGEJR. En mand kan falde for en andens livsværk; men skal han blive ved at leve, så må han leve for sit eget. *(Går.)*
PÅL FLIDA *(utålmodig)*. Hvad byder I, at der skal gøres, herre? Birkebejnerne kan være i Oslo inden en time!
KONG SKULE. Bedst var det, om vi kunde fare til den hellige Thomas Becketts grav; han har hjulpet så mangen sorgfuld og angrende sjæl.
PÅL FLIDA *(stærkere)*. Herre, tal ikke vildt nu! Birkebejnerne er over os, siger jeg!
KONG SKULE. Lad alle kirker lukkes op, at vi kan ty derind og få grid.
PÅL FLIDA. I kan slå alle eders fiender med ét slag, og så vil I ty ind i kirkerne!
KONG SKULE. Ja, ja, hold alle kirker åbne.
PÅL FLIDA. Vær viss på, Håkon bryder kirkefreden, når det gælder Vårbælgerne.
KONG SKULE. Det gør han ikke; Gud vil skærme ham mod slig brøde; – Gud skærmer altid Håkon.
PÅL FLIDA *(med dyb og smertelig vrede)*. Den, som hørte jer tale nu, han måtte spørge: hvem er konge i dette land?
KONG SKULE *(smiler sørgmodigt)*. Ja, Pål Flida, *det* er det store

spørgsmål: *hvem er konge i dette land?*
PÅL FLIDA *(bønligt).* I er sjælesyg inat, herre; lad mig handle for eder.
KONG SKULE. Ja, ja, gør så.
PÅL FLIDA *(gående).* Først vil jeg bryde alle broer af.
KONG SKULE. Afsindige mand! Bliv! – Bryde alle broer af! Véd du, hvad *det* vil sige? *Jeg* har prøvet det; – vogt dig for sligt!
PÅL FLIDA. Hvad vil I da, herre?
KONG SKULE. Jeg vil tale med Håkon.
PÅL FLIDA. Han vil svare jer med sværdets tunge!
KONG SKULE. Gå, gå; – du skal få min vilje at vide siden.
PÅL FLIDA. Hvert øjeblik er dyrt nu! *(griber hans hånd.)* Kong Skule, lad os bryde alle broer af, slås som *Varger* og lide på himlen!
KONG SKULE *(dæmpet).* Himlen lider ikke på mig; jeg tør ikke lide på himlen heller.
PÅL FLIDA. Kort blev Vargbælgernes saga.
(Går ud i baggrunden.)
KONG SKULE. Hundrede kløgtige hoveder, tusende væbnede arme råder jeg over; men ikke over ét kærligt, troende hjerte. Det er kongelig armod, det; ikke mere, ikke mindre.
BÅRD BRATTE *(fra baggrunden).* Der står langfarende folk ude, som beder at få tale med eder, herre.
KONG SKULE. Hvem er det?
BÅRD BRATTE. En kvinde og en prest.
KONG SKULE. Lad kvinden og presten komme.
(Bård går; kong Skule sætter sig tankefuld til højre; lidt efter kommer en sortklædt kvinde ind; hun bærer sid kåbe, hætte og et tæt slør, som skjuler ansigtet; en prest følger hende og bliver stående ved døren.)
KONG SKULE. Hvem er du?
KVINDEN. En, som du har elsket.
KONG SKULE *(ryster på hovedet).* Der gives ingen, som mindes sligt. Hvem er du, spørger jeg?
KVINDEN. En, som elsker dig.
KONG SKULE. Da er du visselig en af de døde.

KVINDEN *(nærmer sig og siger sagte og inderligt)*: Skule Bårdssøn!
KONG SKULE *(rejser sig med et skrig)*. Ingebjørg!
INGEBJØRG. Kender du mig nu, Skule?
KONG SKULE. Ingebjørg, – Ingebjørg!
INGEBJØRG. O, lad mig se på dig, – se længe, længe på dig! *(griber hans hænder; pause.)* Du fagre, elskede, svigfulde mand!
KONG SKULE. Tag sløret væk; se på mig med de øjne, der engang var så klare og blå, som himlen.
INGEBJØRG. De øjne har været en regntung himmel i tyve år; du vilde ikke kende dem igen og du får aldrig se dem mere.
KONG SKULE. Men din røst er frisk og blød og ung, som dengang!
INGEBJØRG. Jeg har kun brugt den til at hviske *dit* navn, til at præge din storhed ind i et ungt hjerte og til at bede hos syndernes Gud om frelse for os to, som har elsket i brøde.
KONG SKULE. Det har du gjort?
INGEBJØRG. Jeg har været taus, når jeg ikke talte kærlighedens ord om dig; – derfor har min røst holdt sig frisk og blød og ung.
KONG SKULE. Der ligger et liv imellem. Hvert fagert minde fra hin tid har jeg spildt og glemt –
INGEBJØRG. Det var din ret.
KONG SKULE. Og imens har du, Ingebjørg, du varme, trofaste kvinde, siddet dernord i isnende ensomhed og samlet og gemt!
INGEBJØRG. Det var min lykke.
KONG SKULE. Dig kunde jeg slippe, for at vinde magt og rigdom! Havde du stået som hustru ved min side, skulde det faldet mig lettere at blive konge.
INGEBJØRG. Gud har været mig god, at det ikke skede. Et sind, som mit, trængte til en stor brøde, for at vækkes til anger og bod.
KONG SKULE. Og nu kommer du –?
INGEBJØRG. Som Andres Skjaldarbands enke.
KONG SKULE. Din husbond er død?
INGEBJØRG. På vejen fra Jerusalem.
KONG SKULE. Så har han gjort bod for Vegards drab.
INGEBJØRG. Det var ikke derfor min ædle husbond tog korset.
KONG SKULE. Ikke derfor?

INGEBJØRG. Nej; det var *min* brøde, han tog på sine stærke, kærlige skuldre; *den* var det han gik for at tvætte i Jordans flod; *den* var det han blødte for.
KONG SKULE *(sagte)*. Han har vidst alt?
INGEBJØRG. Fra første stund af. Og bisp Nikolas har vidst det; thi for ham skriftede jeg; og der var en til, som havde fået det at vide, men på hvilken måde, er gådefuldt for mig.
KONG SKULE. Hvem?
INGEBJØRG. Vegard Væradal.
KONG SKULE. Vegard!
INGEBJØRG. Han hviskede et hånsord om mig i øret på min husbond; da drog Andres Skjaldarband sit sværd og dræbte ham på stedet.
KONG SKULE. Han værgede den, som *jeg* sveg og glemte. – Og hvorfor søger du mig nu?
INGEBJØRG. For at ofre dig det sidste.
KONG SKULE. Hvad mener du?
INGEBJØRG *(peger mod presten, der står ved døren)*. Se ham! – Peter, min søn, kom!
KONG SKULE. Din søn –!
INGEBJØRG. Og *din*, kong Skule!
KONG SKULE *(halvt forvildet)*. Ingebjørg!
PETER *(nærmer sig i taus bevægelse og kaster sig ned på knæ for Skule)*.
INGEBJØRG. Tag ham! Han har været mit livs lys og trøst i tyve år; – nu er du Norges konge; kongssønnen må komme til sin arv; jeg har ingen ret til ham længer.
KONG SKULE *(løfter ham op i stormende glæde)*. Op til mit hjerte, du, som jeg så brændende har higet efter! *(kryster ham i sine arme, slipper ham, ser på ham og favner ham igen.)* Min søn! Min søn! Jeg har en søn! Ha, ha, ha; hvem vil nu stå mig imod! *(går over til Ingebjørg og griber hendes hånd.)* Og du, du giver mig ham, Ingebjørg! Du tager jo ikke dit ord igen? Du giver mig ham jo?
INGEBJØRG. Tungt er offeret, og neppe skulde jeg kunnet bragt det, hvis ikke bisp Nikolas havde sendt ham til mig med brev og bud

om Andres Skjaldarbands død. Bispen var det, der lagde det
tunge offer på mig, som bod for al min brøde.

KONG SKULE. Så er brøden slettet ud; og fra nu af er han min alene;
ikke så, min alene?

INGEBJØRG. Jo; men et løfte kræver jeg af dig.

KONG SKULE. Himmel og jord, kræv alt, hvad du vil!

INGEBJØRG. Han er ren som et Guds lam, nu jeg giver ham i dine
hænder. Det er en farefuld vej, den, som bærer op til
kongssædet; lad ham ikke tage skade på sin sjæl. Hører du,
kong Skule, lad ikke mit barn tage skade på sin sjæl!

KONG SKULE. Det lover og sværger jeg dig!

INGEBJØRG *(griber hans arm)*. Fra første færd du skønner, at han
lider skade på sin sjæl, så lad ham heller dø!

KONG SKULE. Heller dø! Det lover og sværger jeg!

INGEBJØRG. Så farer jeg trøstig nord til Hålogaland.

KONG SKULE. Ja, du kan trøstig fare.

INGEBJØRG. Der vil jeg angre og bede, til Herren kalder mig. Og når
vi mødes hos Gud, kommer han ren og skyldfri til sin moder!

KONG SKULE. Ren og skyldfri! *(vender sig til Peter.)* Lad mig se på
dig! Ja, det er din moders træk og mine; du er den, jeg har
længtes så sårt efter.

PETER. Min fader, min store, herlige fader; lad mig leve og stride for
dig! Lad din sag blive min, og lad så din sag være hvilken den
vil, – jeg véd dog, at jeg strider for det rette!

KONG SKULE *(med et skrig af glæde)*. Du tror på mig! Du tror på mig!

PETER. Uryggeligt!

KONG SKULE. Så er alt godt; så er jeg visselig frelst! Hør, du skal
kaste prestekappen; erkebispen skal løse dig fra kirkeløftet;
kongssønnen skal bære sværd, gå ustandselig frem til magt og
hæder.

PETER. Sammen med dig, min høje fader! Sammen vil vi gå!

KONG SKULE *(trykker ham ind til sig)*. Ja, sammen, vi to alene!

INGEBJØRG *(for sig selv)*. At elske, ofre alt og glemmes, det blev
min saga.

(Går stille ud i baggrunden.)

KONG SKULE. Et stort kongsværk skal gøres i Norge nu! Peter, min søn, hør! Alt folket vil vi vække og samle til et; Vikværing og Trønder, Hålogalænding og Agdeværing, Oplænding og Sogndøl, alt skal være som én stor slægt, – da kan du tro, landet vil tage vækst!
PETER. Hvilken stor og svimlende tanke *det* er –!
KONG SKULE. Fatter du den?
PETER. Ja – ja! – Klart –!
KONG SKULE. Og tror du på den?
PETER. Ja, ja; thi jeg tror på dig!
KONG SKULE *(vildt)*. Håkon Håkonssøn må falde!
PETER. Når du vil det, så er det ret, at han falder.
KONG SKULE. Det vil koste blod; men det får ikke hjælpe.
PETER. Det er ikke spildt, det blod, som flyder for din sag.
KONG SKULE. Din skal al magten være, når jeg får fæstnet riget. Du skal sidde i kongssædet, med ring om panden, med purpurkåben flømmende vid over dine skuldre; alle mænd i landet skal bøje sig for dig – *(lurtoner høres langt borte)*. Ha! hvad er det! *(med et skrig.)* Birkebejnerhæren! Hvad var det Pål Flida sagde –?
(iler mod baggrunden.)
PÅL FLIDA *(kommer ind og råber)*: Nu er timen over os, kong Skule!
KONG SKULE *(forvildet)*. Birkebejnerne! Kong Håkons hær! Hvor er de?
PÅL FLIDA. De myldrer i tusendvis ned over Ekeberg.
KONG SKULE. Blæs til våben! Blæs, blæs! Giv råd; hvor skal vi møde dem?
PÅL FLIDA. Alle kirker står åbne for os.
KONG SKULE. Birkebejnerne, spørger jeg –!
PÅL FLIDA. For dem står alle broer åbne.
KONG SKULE. Usalige mand, hvad har du gjort!
PÅL FLIDA. Lystret min konge.
KONG SKULE. Min søn! Min søn! Ve mig; jeg har forspildt dit kongerige!
PETER. Nej, du vil sejre! Så stor en kongstanke dør ikke!

Kong Skule. Ti, ti! *(lurtoner og råb høres nærmere.)* Til hest; til våben! Det gælder mere end mænds liv og død her! *(iler ud i baggrunden; de øvrige følger efter.)*

En gade i Oslo.

(Lave træhuse med bislag på begge sider. I baggrunden St. Hallvards kirkegård, indelukt af en høj mur med port. På venstre side ved enden af muren ses kirken, hvis hovedindgang står åben. Det er endnu nat; lidt efter begynder dagen at gry. Stormklokken går; langt borte til højre høres fjerne hærskrig og forvirret larm.)

Kong Skules lursvend *(kommer fra højre, blæser i luren og råber)*: Til våben! Til våben, alle kong Skules mænd!

(blæser igen og går videre; om lidt hører man ham blæse og råbe i næste gade.)

En kvinde *(kommer ud i en husdør til højre)*. Du store barmhjertige Gud, hvad er det?

En bymand *(som er kommen halvt påklædt ud fra et hus på den anden side af gaden)*. Birkebejnerne er i byen! Nu får Skule løn for alle sine ugerninger.

En af Skules mænd *(kommer med nogle andre, bærende kapper og våben på armene, ind fra en sidegade til venstre)*. Hvor er Birkebejnerne?

En anden af Skules mænd *(fra et hus til højre)*. Jeg véd ikke!

Første. Hys! Hør! – De må være nede ved Gejtebroen.

Anden. Ned til Gejtebroen da!

(Alle iler ud til højre; en bymand kommer løbende fra samme side.)

Første bymand. Hej, grande, hvor kommer I fra?

Anden bymand. Nede fra Loelven; der går det stygt til.

Kvinden. Sankt Olaf og Sankt Hallvard! Er det Birkebejnerne, eller hvem er det?

Anden bymand. Ja visst er det Birkebejnerne; kong Håkon er med; hele flåden lægger ind til bryggerne; men selv gik han iland med sine bedste mænd ude ved Ekebergstøen.

Første bymand. Så tager han hævn for mandefaldet ved Låka!

ANDEN BYMAND. Ja, det kan I lide på!
FØRSTE BYMAND. Se der, – der flygter alt Vårbælgerne!
(En flok af Skules mænd kommer flygtende ind fra højre.)
EN AF MÆNDENE. Ind i kirken! Ingen kan stå sig mod
Birkebejnerne, slig som de farer frem inat!
(Flokken iler ind i kirken og stænger døren indenfor.)
ANDEN BYMAND *(ser ud til højre)*. Jeg skimter et mærke langt nede i gaden; det må være kong Håkons.
FØRSTE BYMAND. Se, se hvor Vårbælgerne flygter!
(En ny flok kommer ind fra højre.)
EN AF FLOKKEN. Lad os berge os i kirken og bede om grid!
(De stormer mod porten.)
FLERE VÅRBÆLGER. Der er stængt; der er stængt!
DEN FØRSTE. Opover til Martestokke da!
EN ANDEN. Hvor er kong Skule?
DEN FØRSTE. Jeg véd ikke. Afsted, der ser jeg Birkebejnernes mærke!
(De flygter forbi kirken ud til venstre.)
HÅKON *(kommer fra højre med sin mærkesmand, Gregorius Jonssøn, Dagfinn Bonde og flere andre mænd).*
DAGFINN BONDE. Hør hærskriget! Skule fylker sine mænd bag kirkegården.
EN GAMMEL BYMAND *(råber fra sin svale til Håkon)*: Vogt eder, kære herre; Vargbælgerne er gramme, nu de slås for livet!
HÅKON. Er det dig, gamle Guthorm Erlendssøn? Du har stridt både for min fader og for min farfader, du.
BYMANDEN. Gud give jeg kunde stride for eder også.
HÅKON. Du er for gammel til det, og det trænges ikke; der kommer folk til mig allevegne fra.
DAGFINN BONDE *(peger ud over muren til højre)*. Der kommer hertugens mærke!
GREGORIUS JONSSØN. Hertugen selv! Han rider på sin hvide stridshest.
DAGFINN BONDE. Vi må hindre ham udgang gennem porten her!
HÅKON. Blæs, blæs! *(Lursvenden blæser.)* Bedre blæste

du, hundehvalp, da du blæste for penge på Bergens brygge!
(Lursvenden blæser igen, men stærkere end første gang; der kommer mange folk til.)
EN VÅRBÆLG *(fra højre, flygtende henimod kirken, forfulgt af en Birkebejner).* Spar livet! Spar livet!
BIRKEBEJNEREN. Ikke om du så sad på alteret! *(hugger ham ned.)* En kostbar kappe lader det til du har; den kan jeg bruge. *(Vil tage kappen, men udstøder et skrig og kaster sit sværd fra sig.)* Herre konge! Ikke et slag mere slår jeg for eder!
DAGFINN BONDE. Og det siger du i slig en stund!
BIRKEBEJNEREN. Ikke et slag mere!
DAGFINN BONDE *(hugger ham ned).* Nej, nu kan du også spare dig det!
BIRKEBEJNEREN *(pegende på den døde Vårbælg).* Jeg mente, jeg havde gjort nok, da jeg dræbte min egen broder. *(dør.)*
HÅKON. Hans broder!
DAGFINN BONDE. Hvad! *(går hen til Vårbælgens lig.)*
HÅKON. Er det sandt?
DAGFINN BONDE. Det er nok så.
HÅKON *(rystet).* Her ses det bedst, hvad krig det er vi fører. Broder mod broder, fader mod søn; – ved Gud, den almægtige, dette må have en ende!
GREGORIUS JONSSØN. Der kommer hertugen i fuld kamp med Knut jarls flok!
DAGFINN BONDE. Stæng porten for ham her, kongsmænd!
(Indenfor muren kommer de kæmpende tilsyne. Vårbælgerne baner sig vej mod venstre, drivende Birkebejnerne fod for fod tilbage. Kong Skule rider på sin hvide stridshest, med draget sværd. Peter går ved siden og holder hestens tøjler, i den venstre hånd et højt opløftet krusifiks. Pål Flida bærer Skules mærke, der er blåt med en stående gylden løve uden økse.)
KONG SKULE. Hug ned for fode! Spar ingen! Der er kommet et nyt kongs-emne i Norge!
BIRKEBEJNERNE. Et nyt kongs-emne, siger han!
HÅKON. Skule Bårdssøn, lad os dele riget!

KONG SKULE. Alt eller intet!
HÅKON. Tænk på dronningen, eders datter!
KONG SKULE. Jeg har en søn, jeg har en søn! Jeg tænker ikke på andre end ham!
HÅKON. Jeg har også en søn; – falder jeg, så får han riget!
KONG SKULE. Dræb kongsbarnet, hvor I finder det! Dræb det på kongssædet; dræb det for alteret; dræb det, dræb det i dronningens arm!
HÅKON. Der fældte du din dom!
KONG SKULE *(hugger om sig)*. Dræb, dræb for fode! Kong Skule har en søn! Dræb, dræb!
(Kampen trækker sig udenfor til venstre.)
GREGORIUS JONSSØN. Vargbælgerne hugger sig igennem!
DAGFINN BONDE. Ja, men bare for at flygte.
GREGORIUS JONSSØN. Ja ved himlen, – den anden port står åben; der flygter de alt!
DAGFINN BONDE. Opover til Martestokke. *(råber ud:)* Efter dem, efter dem, Knut jarl! Tag hævn for mandefaldet ved Låka!
HÅKON. I hørte det; han dømte mit barn fredløs, – mit skyldfri barn, Norges kårne konge efter mig!
KONGSMÆNDENE. Ja, ja, vi hørte det!
HÅKON. Og hvad straf er sat for slig brøde?
MÆNDENE. Døden!
HÅKON. Så må han også dø! *(løfter hånden til ed.)* Her sværger jeg det; Skule Bårdssøn skal dø, hvor han træffes på uhellig grund!
DAGFINN BONDE. Det er hver trofast mands pligt at fælde ham.
EN BIRKEBEJNER *(fra venstre)*. Nu flygter hertug Skule!
BYMÆNDENE. Birkebejnerne har sejret!
HÅKON. Hvad vej?
BIRKEBEJNEREN. Forbi Martestokke, opover til Ejdsvold; de fleste havde sine heste stående oppe i gaderne, ellers var ikke en eneste sluppen fra det med livet.
HÅKON. Gud være takket for hjælpen dennegang også! Nu kan dronningen frit komme i land fra flåden.
GREGORIUS JONSSØN *(peger ud til højre)*. Hun er alt iland, herre; der

kommer hun.

HÅKON *(til dem, som står nærmest om ham)*. Det tungeste står igen; hun er en kærlig datter; – hør, – intet ord til hende om al den fare, som truer barnet. Lov mig alle, som en, at værge eders konges søn; men lad ikke hende vide noget.

MÆNDENE *(dæmpet)*. Det lover vi!

MARGRETE *(kommer med fruer og følge fra højre)*. Håkon, min husbond! Himlen har skærmet dig; du har sejret og er uskadt.

HÅKON. Ja, jeg har sejret. Hvor er barnet?

MARGRETE. På kongsskibet, i sikre mænds hænder.

HÅKON. Gå flere derned. *(Nogle af mændene går.)*

MARGRETE. Håkon, hvor er – hertug Skule?

HÅKON. Han har taget vejen op til Oplandene.

MARGRETE. Så lever han da! – Min husbond, får jeg lov at takke Gud, fordi han lever?

HÅKON *(i smertelig kamp med sig selv)*. Hør mig, Margrete; du har været mig en trofast hustru, har fulgt mig i godt og ondt, du har været så usigelig rig på kærlighed; – nu må jeg volde dig en tung sorg; jeg vilde det nødigt; men jeg er konge, derfor *må* jeg –

MARGRETE *(spændt)*. Gælder det – hertugen?

HÅKON. Ja. Der kan ikke ramme mig nogen smerteligere lod, end at skulle leve mit liv langt fra dig; men dersom du finder det må så være efter det, jeg nu siger dig, – tykkes det dig, at du ikke længer tør sidde ved min side, ikke længer kan se på mig uden at blive bleg, – nu, så får vi skilles ad – leve hver for sig, – og jeg skal ikke laste dig for det.

MARGRETE. Skilles fra dig! Hvor kan du tænke en slig tanke! Giv mig din hånd –!

HÅKON. Rør den ikke! – Den var nylig løftet til ed –

MARGRETE. Til ed?

HÅKON. En ed, som satte ubrydeligt segl på en dødsdom.

MARGRETE *(med et skrig)*. Min fader! O, min fader! *(vakler; et par af kvinderne iler til og støtter hende.)*

HÅKON. Ja, Margrete, – som konge har jeg dømt din fader til døden.

MARGRETE. Så har han visselig forbrudt sig værre, end da han tog kongsnavn.
HÅKON. Det har han; – og finder du nu, at vi får skilles, så lad det ske.
MARGRETE *(nærmere og med styrke)*. Vi kan aldrig skilles! Jeg er din hustru, intet andet i verden end din hustru!
HÅKON. Er du stærk nok? Hørte og forstod du alt? Jeg dømte din fader.
MARGRETE. Jeg hørte og forstod alt. Du dømte min fader.
HÅKON. Og du kræver ikke at vide, hvad hans brøde var?
MARGRETE. Det er jo nok, når *du* kender den.
HÅKON. Men det var til *døden* jeg dømte ham!
MARGRETE *(knæler ned for kongen og kysser hans hånd)*. Min husbond og høje herre, du dømmer retfærdigt!
Teppet falder.

FEMTE AKT

(En stue på kongsgården i Nidaros. Indgangsdøren er til højre; foran på samme side et vindu. Til venstre en mindre dør. Det er i mørkningen; Pål Flida, Bård Bratte og flere af kong Skules fornemste mænd står ved vinduet og ser opad.)

EN HIRDMAND. Hvor rød den lyser!
EN ANDEN. Den strækker sig halve himmelen over, som et gloende sværd.
BÅRD BRATTE. Du hellige kong Olaf, hvad varsler sligt rædselstegn?
EN GAMMEL VÅRBÆLG. Det varsler visselig en stor høvdings død.
PÅL FLIDA. Håkons død, I gode Vårbælger. Han ligger ude i fjorden med flåden; vi kan vente ham til byen ikveld; – dennegang hører det *os* til, at sejre!
BÅRD BRATTE. Lid ikke på det; der er ikke stort mod i hæren nu.
DEN GAMLE VÅRBÆLG. Det er rimeligt nok; ligesiden flugten fra Oslo har jo kong Skule stængt sig inde, og vil hverken se eller tale med sine mænd.
FØRSTE HIRDMAND. I byen er der dem, som ikke véd, enten de skal

tro han lever eller han er død.
PÅL FLIDA. Kongen *må* ud, så syg han end er. Tal til ham, Bård Bratte, – det gælder alles frelse.
BÅRD BRATTE. Nytter ikke; jeg har talt til ham før.
PÅL FLIDA. Så får jeg selv prøve. *(Går til døren på venstre side og banker.)* Herre konge, I må tage styret i egne hænder; det går ikke længere på slig vis.
KONG SKULE *(indenfor)*. Jeg er syg, Pål Flida!
PÅL FLIDA. Kan I vente andet? I har jo ikke spist på to dage; I må styrke og pleje jer –
KONG SKULE. Jeg er syg.
PÅL FLIDA. Ved den almægtige, det får ikke hjælpe. Kong Håkon ligger ude på fjorden og kan ventes her ind til Nidaros, hvad tid det skal være.
KONG SKULE. Slå ham for mig! Dræb ham og kongsbarnet.
PÅL FLIDA. I må selv være med, herre!
KONG SKULE. Nej, nej, nej, – I er sikrest på lykken og sejren, når *jeg* ikke er med.
PETER *(kommer fra højre; han er våbenklædt)*. Der er uro mellem bymændene; de stimler sammen i store flokke foran kongsgården.
BÅRD BRATTE. Taler ikke kongen til dem, så svigter de ham, når det mest gælder.
PETER. Så må han tale til dem. *(Ved døren til venstre.)* Fader! Trønderne, dine troeste mænd, falder fra dig, hvis du ikke giver dem mod!
KONG SKULE. Hvad sagde skalden?
PETER. Skalden?
KONG SKULE. Skalden, som døde for min sag i Oslo. En kan ikke give, hvad en ikke selv ejer, sagde han.
PETER. Så kan du heller ikke give bort riget; thi det er mit efter dig!
KONG SKULE. Nu kommer jeg!
PÅL FLIDA. Gud være lovet!
KONG SKULE *(kommer frem i døren; han er bleg og indfalden, hans hår er stærkt grånet)*. I skal ikke se på mig! Jeg liker ikke I ser

på mig nu jeg er syg! *(går hen til Peter.)* Tage riget fra dig, siger du? Du store himlens Gud, hvad var jeg ifærd med at gøre.
PETER. O, tilgiv mig; - jeg véd jo, at det du gør, er det retteste.
KONG SKULE. Nej, nej, ikke hidtil; - men jeg vil være stærk og frisk nu, - jeg vil handle.
HØJE RÅB *(udenfor til højre).* Kong Skule! Kong Skule!
KONG SKULE. Hvad er det?
BÅRD BRATTE *(ved vinduet).* Bymændene stimler sammen; hele kongsgården er fuld af folk; - I må tale til dem.
KONG SKULE. Ser jeg ud som en konge; kan jeg tale nu!
PETER. Du må, min høje fader!
KONG SKULE. Godt, lad så være. *(Går til vinduet og drager forhænget tilside, men slipper det hurtigt og farer tilbage af skræk.)* Der står det gloende sværd over mig igen!
PETER. Det varsler, at sejrens sværd er draget for dig.
KONG SKULE. Ja, var det kun så. *(Går til vinduet og taler ud:)* Trøndere, hvad vil I; - her står eders konge.
EN BYMAND *(udenfor).* Drag af byen! Birkebejnerne vil myrde og brænde, om de finder eder her.
KONG SKULE. Vi får alle holde sammen. Jeg har været jer en mild konge; jeg har kun krævet ringe krigsstyr -
EN MANDSSTEMME *(nede blandt mængden).* Hvad kalder du da alt det blod, som randt ved Låka og i Oslo?
EN KVINDE. Giv mig min fæstemand igen!
EN DRENG. Giv mig min fader og min broder!
EN ANDEN KVINDE. Giv mig mine tre sønner, kong Skule!
EN MAND. Han er ikke konge; thi han er ikke hyldet på hellig Olafs skrin!
MANGE STEMMER. Nej, nej, - han er ikke hyldet på Olafsskrinet! Han er ikke konge!
KONG SKULE *(viger bag forhænget).* Ikke hyldet -! Ikke konge!
PÅL FLIDA. Usaligt var det, at ikke helgenskrinet blev båret ud, dengang I blev kåret.
BÅRD BRATTE. Svigter bymændene, kan vi ikke holde os i Nidaros, om Birkebejnerne kommer.

KONG SKULE. Og de *vil* svigte, sålænge jeg ikke er hyldet på helgenskrinet.
PETER. Så lad skrinet bære ud, og lad dig hylde nu!
PÅL FLIDA *(hovedrystende).* Hvor skulde det være gørligt?
PETER. Er noget ugørligt, når det gælder *ham*? Lad blæse til things og bær skrinet ud!
FLERE AF MÆNDENE *(viger tilbage).* Kirkeran!
PETER. Ikke kirkeran; – kom, kom! Korsbrødrene er velsindede mod kong Skule; de vil give sit minde –
PÅL FLIDA. Det gør de ikke; de tør ikke gøre det for erkebispen.
PETER. Er I kongsmænd, og vil ikke hjælpe til, når det gælder så stor sag! Godt, der er andre dernede, som vil være villigere. Min fader og konge, korsbrødrene *skal* give efter; jeg vil bede, jeg vil trygle; lad blæse til things; du skal bære dit kongsnavn med rette! *(iler ud til højre.)*
KONG SKULE *(glædestrålende).* Så I ham! Så I min herlige søn! Hvor hans øjne lyste! Ja, vi vil alle stride og sejre. Hvor stærke er Birkebejnerne?
PÅL FLIDA. Ikke stærkere, end at vi magter dem, hvis blot bymændene holder med os.
KONG SKULE. De *skal* holde med os. Vi må alle være enige nu og ende denne rædselsstrid. Ser I da ikke, det er himlens bud, at vi skal ende den? Himlen er vred på alt Norge for de gerninger, som så længe har været øvet. Der står gloende sværd højt deroppe og lyser hver nat; kvinder falder om og føder i kirkerne; der lister sig sjælesot over prester ogklosterbrødre, så de løber gennem gaderne og råber, at den yderste dag er kommen. Ja, ved den almægtige, dette skal endes med et eneste slag!
PÅL FLIDA. Hvad byder I, at der skal gøres?
KONG SKULE. Alle broer skal brydes af.
PÅL FLIDA. Gå, og lad alle broer brydes af.
(En af hirdmændene går ud til højre.)
KONG SKULE. Alle mænd skal samles nede på øren; ikke én Birkebejner skal sætte sin fod i Nidaros.

PÅL FLIDA. Vel talt, konge.
KONG SKULE. Når helgenskrinet er båret ud, skal der blæses til things. Hæren og bymændene skal kaldes sammen.
PÅL FLIDA *(til en af mændene).* Gå ud og lad lursvenden blæse i gaderne.
(Manden går.)
KONG SKULE *(taler ned til mængden fra vinduet).* Hold fast ved mig, I sørgende og klagende dernede. Der skal komme fred og lys over landet igen, ligesom i Håkons første fagre dage, da kornet gav grøde to gange hver sommer. Hold fast ved mig; lid på mig og tro på mig; det trænger jeg så usigeligt. Jeg skal våge og stride for jer; jeg skal bløde og falde for jer, om det kræves; men svigt mig ikke og tvivl ikke –! *(højt råb, som af skræk, høres blandt mængden.)* Hvad er *det?*
EN VILD STEMME. Gør bod, gør bod!
BÅRD BRATTE *(ser ud).* Det er en prest, som djævelen har besat!
PÅL FLIDA. Han river sin kutte i flænger og pisker sig med svøbe.
STEMMEN. Gør bod, gør bod; den yderste dag er kommen!
MANGE RØSTER. Flygt, flygt! Ve over Nidaros! Så syndig en gerning!
KONG SKULE. Hvad er der hændt?
BÅRD BRATTE. Alle flygter, alle viger, som om et vildt dyr var kommet imellem dem.
KONG SKULE. Ja, alle flygter – *(med et udråb af glæde.)* Ha! ligegodt; – vi er frelste; se, se, – kong Olafs skrin står midt i kongsgården!
PÅL FLIDA. Kong Olafs skrin!
BÅRD BRATTE. Ja, ved himlen, – der står det!
KONG SKULE. Korsbrødrene er mig tro; så god en gerning har de aldrig øvet før!
PÅL FLIDA. Hør; der blæses til things.
KONG SKULE. Nu skal jeg da lovligt hyldes.
PETER *(kommer fra højre).* Tag kongskåben om dig; nu står helgenskrinet ude.
KONG SKULE. Så har du frelst riget for mig og dig; og tifold vil vi takke de fromme korsbrødre, at de gav efter.

PETER. Korsbrødrene, min fader; – dem har du intet at takke for.
KONG SKULE. Det var ikke *dem*, som hjalp dig?
PETER. De lyste kirkens ban over hver den, som vovede at røre helligdommen.
KONG SKULE. Erkebispen altså! Endelig har han da givet efter.
PETER. Erkebispen lyste værre banstråle end korsbrødrene.
KONG SKULE. O, så ser jeg, at jeg endda har trofaste mænd. I stod her rædde og veg tilbage, I, som skulde være mig nærmest, – og dernede i flokken har jeg dem, som turde tage så stor en brøde på sig for min skyld.
PETER. Ikke én trofast mand har du, som turde tage brøden på sig.
KONG SKULE. Almægtige Gud, er der da sket et jertegn; – hvem tog helligdommen ud?
PETER. Jeg, min fader!
KONG SKULE *(med et skrig)*. Du!
MÆNDENE *(viger sky tilbage)*. Kirkeraner!
(Pål Flida, Bård Bratte og et par andre går ud.)
PETER. Gerningen måtte gøres. Ingen mands troskab er at lide på, før du er lovlig hyldet. Jeg bad, jeg tryglede korsbrødrene, intet hjalp. Da brød jeg kirkedøren op; ingen vovede at følge mig. Jeg sprang op på højaltret, greb fat i hanken og stemte knæerne imod; det var, som om en gådefuld magt gav mig mere end menneskelige kræfter. Skrinet løsnede, jeg trak det efter mig nedover kirkegulvet, medens banstrålen suste som et uvejr højt oppe under hvælvingerne; jeg trak det ud af kirken, alle flygtede og veg for mig; da jeg var kommen midt frem i kongsgården, brast hanken; her er den! *(Holder den i vejret.)*
KONG SKULE *(stille, skrækslagen)*. Kirkeraner!
PETER. For din skyld; for din store kongstankes skyld! Men du vil slette brøden ud; alt, hvad der er ondt, vil du slette ud. Der vil komme lys og fred med dig; der vil gå op en strålende dag over landet; – hvad gør det så, om der gik en uvejrsnat foran?
KONG SKULE. Der stod som en helgensol om dit hoved, da din moder kom med dig; – og nu tykkes det mig, at jeg ser banstrålen lyne.

PETER. Fader, fader, tænk ikke på mig; vær ikke ræd for mit ve og vel. Det er jo din vilje, jeg har fuldkommet, – hvor kan det regnes mig til last!
KONG SKULE. Jeg vilde eje din tro på mig, og din tro er bleven en synd.
PETER *(vildt)*. For din skyld, for din skyld! Derfor tør ikke Gud andet, end tvætte den af!
KONG SKULE. Ren og skyldfri, lovede jeg Ingebjørg, – og han håner himlen!
PÅL FLIDA *(kommer)*. Alt er i oprør! Rædselsgerningen har slået dine mænd med skræk; de flygter ind i kirkerne.
KONG SKULE. De *skal* ud, de *må* ud!
BÅRD BRATTE *(kommer)*. Bymændene har rejst sig mod eder; de dræber Vårbælgerne rundt om på gaderne og i husene, hvor de kan finde dem!
EN HIRDMAND *(kommer)*. Nu sejler Birkebejnerne op i elven!
KONG SKULE. Blæs mine mænd sammen. Ingen må svigte mig her!
PÅL FLIDA. Ugørligt; skrækken har lamslået dem.
KONG SKULE *(fortvivlet)*. Men jeg *kan* ikke falde nu! Min søn må ikke dø med en dødsskyld på sin sjæl!
PETER. Tænk ikke på mig; du er den eneste, det gælder. Lad os søge opover til Indherred; der er alle mænd tro!
KONG SKULE. Ja, på flugt! Følg mig, hvem der vil berge livet!
BÅRD BRATTE. Hvad vej?
KONG SKULE. Over broen!
PÅL FLIDA. Alle broer er brudt af, herre.
KONG SKULE. Brudt af –! Alle broer brudt af, siger du!
PÅL FLIDA. I skulde brudt dem af i Oslo, så kunde I ladt dem stå i Nidaros.
KONG SKULE. Over elven alligevel; – her er liv og salighed at frelse! På flugt! På flugt!
(Han og Peter iler ud til venstre.)
BÅRD BRATTE. Ja, bedre det, end at falde for bymænd og Birkebejnere.
PÅL FLIDA. I Guds navn, på flugt da. *(Alle følger efter Skule.)*

(Stuen står en kort stund tom; der høres fjern og forvirret larm fra gaderne; derpå stormer en flok væbnede bymænd ind gennem døren til højre.)

EN BYMAND. Herind! Her må han være.

EN ANDEN. Dræb ham!

FLERE. Dræb kirkeraneren også!

EN ENKELT. Far varligt frem; de bider fra sig.

FØRSTE BYMAND. Det har ingen nød; Birkebejnerne er alt oppe i gaden.

EN BYMAND *(kommer)*. For sent; – kong Skule er flygtet.

FLERE. Hvorhen? Hvorhen?

DEN KOMMENDE. Ind i en af kirkerne, tænker jeg; de er fulde af Vargbælger.

FØRSTE BYMAND. Så lad os søge ham; stor tak og løn giver kong Håkon den mand, som dræber Skule.

EN ANDEN. Der kommer Birkebejnerne.

EN TREDJE. Kong Håkon selv.

MANGE I FLOKKEN *(råber)*: Hil kong Håkon Håkonssøn!

HÅKON *(kommer ind fra højre, fulgt af Gregorius Jonssøn, Dagfinn Bonde og en mængde andre)*. Ja, nu er I ydmyge, I Trøndere! I har længe nok stået mig imod.

FØRSTE BYMAND *(på knæ)*. Nåde, herre; Skule Bårdssøn var så hårdt over os!

EN ANDEN *(også knælende)*. Han tvang os, ellers havde vi aldrig fulgt ham.

DEN FØRSTE. Han tog vort gods og nødte os til at slå for sin uretfærdige sag.

DEN ANDEN. Ak, høje herre, han har været en svøbe for sine venner som for sine uvenner.

MANGE STEMMER. Ja, ja, – Skule Bårdssøn har været en svøbe for hele landet.

DAGFINN BONDE. Det turde være et sandt ord, det.

HÅKON. Godt; med jer bymænd skal jeg siden tale; det er min agt at straffe strængt, hvad der er forbrudt; men først er her andet at tænke på. Véd nogen, hvor Skule Bårdssøn er?

FLERE. Inde i en af kirkerne, herre!
HÅKON. Véd I det så visst?
BYMÆNDENE. Ja, der er alle Vargbælgerne.
HÅKON *(sagte til Dagfinn Bonde).* Han må findes; sæt vagt for alle kirker i byen.
DAGFINN BONDE. Og når han findes, skal han fældes uden ophold.
HÅKON *(dæmpet).* Fældes? Dagfinn, Dagfinn, hvor tungt det tykkes mig.
DAGFINN BONDE. Herre, I svor det dyrt i Oslo.
HÅKON. Og hver mand i landet vil kræve hans død. *(Vender sig til Gregorius Jonssøn uhørligt for de andre.)* Gå; du var engang hans ven; søg ham, og få ham til at flygte af landet.
GREGORIUS JONSSØN *(glad).* Det vil I, herre?
HÅKON. For min fromme, elskelige hustrus skyld.
GREGORIUS JONSSØN. Men hvis han *ikke* flygter; hvis han ikke vil eller ikke kan?
HÅKON. I Guds navn, da kan jeg heller ikke spare ham; da må mit kongsord stå ved magt. Gå!
GREGORIUS JONSSØN. Jeg skal gå og gøre mit bedste. Himlen give det måtte lykkes. *(Går til højre.)*
HÅKON. Du, Dagfinn Bonde, går med sikre mænd ned på kongsskibet; I skal følge dronningen og barnet op til Elgesæter kloster.
DAGFINN BONDE. Herre, mener I hun er tryg der?
HÅKON. Hun er ingensteds tryggere. Vargbælgerne har lukket sig inde i kirkerne, og hun har bedet så meget; hendes moder er på Elgesæter.
DAGFINN BONDE. Ja ja, det véd jeg.
HÅKON. Hils dronningen kærligst fra mig; og hils fru Ragnhild også. Du kan sige dem, at såsnart Vargbælgerne har faldet tilfode og har fået grid, skal der ringes med alle klokker i Nidaros, til tegn på, at der er kommet fred over landet igen. – I bymænd skal stå mig tilrette imorgen og tage straf, hver efter sine gerninger. *(Går med sine mænd.)*

FØRSTE BYMAND. Ve os for imorgen!
ANDEN BYMAND. Vi får et stort regnskab.
FØRSTE. Vi, som har været Håkon imod så længe, – som var med at råbe for Skule, da han tog kongsnavn.
ANDEN. Som gav Skule både skibe og krigsstyr, – som købte alt det gods, han ranede fra Håkons sysselmænd.
FØRSTE. Ja, ve os for imorgen!
EN BYMAND *(kommer ilsomt ind fra venstre)*. Hvor er Håkon? Hvor er kongen?
FØRSTE BYMAND. Hvad vil du ham?
DEN KOMMENDE. Bringe ham et stort og vigtigt budskab.
FLERE. Hvilket?
DEN KOMMENDE. Det siger jeg ikke andre end kongen selv.
FLERE. Jo, sig, sig!
DEN KOMMENDE. Skule Bårdssøn flygter opover mod Elgesæter.
FØRSTE BYMAND. Umuligt! Han er i en af kirkerne.
DEN KOMMENDE. Nej, nej; han og sønnen satte over elven i en færing.
FØRSTE BYMAND. Ha, så kan vi frelse os fra Håkons vrede.
ANDEN BYMAND. Ja, lad os straks melde ham, hvor Skule er.
FØRSTE. Nej, bedre end som så; vi siger intet, men går selv op til Elgesæter og fælder Skule.
ANDEN. Ja, ja, – lad os det!
TREDJE. Men fulgte ikke mange Vargbælger med over elven?
DEN KOMMENDE. Nej, der var bare få mænd på båden.
FØRSTE BYMAND. Vi væbner os det bedste vi kan. O, nu er bymændene bergede! Sig ikke til nogen, hvad vi har fore; vi er mandstærke nok, – og så opover til Elgesæter.
ALLE *(dæmpet)*. Ja, opover til Elgesæter!
(De går skyndsomt men forsigtigt ud til venstre.)

Granskog i bakkerne ovenfor Nidaros.

(Det er måneskin; men natten er tåget, så at baggrunden kun skimtes utydeligt og undertiden næsten ikke. Træstubber og store stene ligger rundt omkring. Kong Skule, Peter, Pål Flida, Bård Bratte

og flere Vårbælger kommer gennem skogen fra venstre.)
PETER. Kom her og hvil dig, min fader!
KONG SKULE. Ja, lad mig hvile, hvile. *(Synker ned ved en sten.)*
PETER. Hvorledes er det med dig?
KONG SKULE. Jeg er sulten! Syg, syg! Jeg ser døde mænds skygger!
PETER *(springer op)*. Skaf hjælp, – brød til kongen.
BÅRD BRATTE. Her er hvermand konge; thi her gælder det livet. Stå op, Skule Bårdssøn, er du konge, så lig ikke der og styr landet.
PETER. Håner du min fader, så dræber jeg dig!
BÅRD BRATTE. Jeg blir dræbt alligevel; mig giver kong Håkon aldrig grid; thi jeg var hans sysselmand og sveg ham for Skules skyld. Find på noget, som kan berge os! Der er ikke så fortvivlet en gerning, at jeg jo vover den nu.
EN VÅRBÆLG. Kunde vi bare slippe over til klostret på Holm.
PÅL FLIDA. Bedre til Elgesæter.
BÅRD BRATTE *(udbryder pludseligt)*: Bedst at gå ned på Håkons skib og rane kongsbarnet.
PÅL FLIDA. Raser du!
BÅRD BRATTE. Nej, nej, det er vor eneste redning, og let at sætte i værk. Birkebejnerne leder hvert hus igennem og holder vagt for kirkerne; de tror ikke, at nogen af os har kunnet flygte, siden alle broer var brudt af. Der kan umuligt være stort mandskab ombord på skibene; har vi kongs-emnet i vor magt, så skal Håkon give os fred, eller også skal hans ætling dø med os. Hvem vil være med at berge livet?
PÅL FLIDA. Ikke jeg, når det skal berges på slig vis.
FLERE. Ikke jeg! Ikke jeg!
PETER. Ha, men om det var til frelse for min fader –!
BÅRD BRATTE. Vil du være med, så kom. Nu går jeg ned på Hladehammeren; der ligger den flok, vi mødte her under bakken; det er de vildeste vovhalse af alle Vargbælgerne; de havde svømmet over elven, for de vidste, de ikke vilde fået grid i kirkerne. De drenge tør nok gæste kongsskibet, de! Hvem af jer vil så med?
NOGLE. Jeg, jeg!

101

PETER. Kanhænde jeg også; men først må jeg vide min fader under sikkert tag.

BÅRD BRATTE. Før det gryr af dag farer vi op i elven. Kom, her går en benvej nedover til Hlade.

(Han og nogle andre går ud til højre.)

PETER *(til Pål Flida).* Tal ikke til min fader om noget af dette; han er sjælesyg inat, vi får handle for ham. Der er frelse i Bård Brattes værk; inden daggry skal kongsbarnet være i vore hænder.

PÅL FLIDA. For at dræbes, kan jeg tænke. Ser I da ikke, at det er en synd –

PETER. Det kan ikke være nogen synd; thi min fader dømte det i Oslo. Det må jo afvejen alligevel; det hindrer min fader; – min fader har en stor kongstanke at sætte igennem; det får være det samme, hvem eller hvormange der falder for *den*.

PÅL FLIDA. Usalig for jer var den dag, I fik vide, I var kong Skules søn. *(Lyttende.)* Hys; – kast jer fladt ned på jorden; der kommer folk.

(Alle kaster sig ned bag stene og stubber; et tog, dels af ridende, dels af gående, skimtes utydeligt gennem tågen inde mellem træerne; de kommer fra venstre side og går ud til højre.)

PETER. Det er dronningen.

PÅL FLIDA. Ja, ja; hun taler med Dagfinn Bonde. Hys!

PETER. De skal til Elgesæter. Kongsbarnet er med!

PÅL FLIDA. Og dronningens fruer.

PETER. Men kun fire mand! Op, op, kong Skule, – nu er dit rige frelst!

KONG SKULE. Mit rige? Det er mørkt, det, – som engelens, der rejste sig mod Gud.

(En flok korsbrødre kommer ind fra højre.)

EN KORSBRODER. Hvem taler her? Er det kong Skules mænd?

PÅL FLIDA. Kong Skule selv.

KORSBRODEREN *(til Skule).* Gud være lovet, at vi traf eder, kære herre! Vi fik spurgt af nogle bymænd, at I havde taget vejen opover, og vi er ligeså utrygge i Nidaros, som I selv –

PETER. I havde fortjent døden, I, som ikke gav Olafsskrinet ud.

KORSBRODEREN. Erkebispen forbød det; men vi vil gerne tjene kong
Skule alligevel; vi har jo altid holdt os til ham. Her har vi taget
korskåber med til eder og mændene! tag dem på, så slipper I let
ind i et af klostrene, og kan prøve på at få grid af Håkon.
KONG SKULE. Ja, giv mig en korskåbe på; jeg og min søn må stå på
vigslet grund. Jeg vil til Elgesæter.
PETER *(sagte til Pål Flida)*. Sørg for, at min fader kommer trygt
frem –
PÅL FLIDA. Mindes I ikke, at der er Birkebejnere på Elgesæter?
PETER. Kun fire mænd; dem magter I let, og indenfor klostermuren
drister de sig ikke til at røre jer. Jeg søger Bård Bratte.
PÅL FLIDA. Tænk jer om!
PETER. Det er ikke på kongsskibet, men på Elgesæter, at de fredløse
skal frelse riget for min fader!
(Går hurtigt ud til højre.)
EN VÅRBÆLG *(hviskende til en anden)*. Går *du* til Elgesæter med
Skule?
DEN ANDEN. Hys; nej; Birkebejnerne er der jo.
DEN FØRSTE. Jeg går ikke heller; men sig ikke noget til de andre.
KORSBRODEREN. Og nu afsted, to og to, – en krigsmand og
en korsbroder –
EN ANDEN KORSBRODER *(siddende på en træstub bag de øvrige)* Jeg
tager kong Skule.
KONG SKULE. Véd du vejen?
KORSBRODEREN. Den brede vej.
FØRSTE KORSBRODER. Skynd jer; lad os spredes på forskellige
stier og samles udenfor klosterporten.
*(De går ud mellem træerne til højre; tågen letter og kometen
viser sig rød og skinnende i den disige luft.)*
KONG SKULE. Peter, min søn –! *(Farer tilbage.)* Ha, der er
det gloende sværd på himlen!
KORSBRODEREN *(siddende bag ham på træstubben)*. Og her er *jeg!*
KONG SKULE. Hvem er du?
KORSBRODEREN. En gammel kending.
KONG SKULE. Blegere mand har jeg aldrig set.

103

Korsbroderen. Men du kender mig ikke.
Kong Skule. Det er dig, som vil følge mig til Elgesæter.
Korsbroderen. Det er mig, som vil følge dig til kongssædet.
Kong Skule. Kan du det?
Korsbroderen. Jeg kan, hvis du selv vil.
Kong Skule. Og ved hvilket middel?
Korsbroderen. Ved det middel, som jeg *før* har brugt; – jeg vil føre dig op på et højt bjerg og vise dig al jordens herlighed.
Kong Skule. Al jordens herlighed har jeg før set i fristende drømme.
Korsbroderen. Det var mig, som gav dig de drømme.
Kong Skule. Hvem *er* du?
Korsbroderen. Sendebud fra det ældste kongs-emne i verden.
Kong Skule. Fra det ældste kongs-emne i verden?
Korsbroderen. Fra den første jarl, der rejste sig mod det største rige, og som grundede et rige selv, der skal vare ud over dommedag!
Kong Skule *(skrigende)*. Bisp Nikolas!
Korsbroderen *(rejser sig)*. Kender du mig nu? Vi var kendinger før; – for *din* skyld er jeg kommen tilbage. På selvsamme skude, for selvsamme bør, har vi sejlet i år og i dage. Jeg var ræd da vi skiltes; der var uvejr og nat; en høg i min sjæl sine klør havde sat; jeg tryglede om messer og klokkeklang, jeg købte mig bønner og munkesang, – jeg betalte for syv og de læste fjorten; men endda slap jeg ikke indenfor porten.
Kong Skule. Og nu kommer du dernedefra –?
Korsbroderen. Ja, jeg kommer fra riget dernede; fra riget, som altid så stygt blir malt. Å, du kan tro, der er ikke så galt; det har ingen nød med den svare hede.
Kong Skule. Og så hører jeg, du har lært skaldskab, gamle Baglerhøvding!
Korsbroderen. Skaldskab? Ja, og en mængde latin! Før var jeg ingen stiv latiner, som du mindes; nu tvivler jeg på, at en stivere findes. For at række dernede et passeligt trin, ja, næsten bare for at slippe derind, er det hardtad nødvendigt at lære latin. Og

en *må* jo gå fremad, når til gæstebudsbord en sidder hver dag
med slig lærdom stor, -halvhundred, som her lod sig paver
kalde, femhundred kardinaler og syvtusend skalde.
KONG SKULE. Hils din herre, og tak ham for godt venskab. Du kan
sige, han er den eneste konge, som skikker hjælp til Skule den
første af Norge!
KORSBRODEREN. Hør nu, kong Skule, hvi hid jeg er sendt. Han har
mange tjenere, han dernede, og hver har sit strøg i verden at
frede; *jeg* fik Norge, thi her er jeg kendt. Håkon Håkonssøn er
ingen mand for os, vi liker ham ikke, han byder os
trods; se, *han* må falde og du skal styre, som eneste ejer af
kronen den dyre.
KONG SKULE. Ja, giv mig kronen! Har jeg *den*, så skal jeg nok styre
slig, at jeg kan købe mig løs igen.
KORSBRODEREN. Ja, det kan vi altid snakkes om siden. Inat det
gælder at nytte tiden. På Elgesæter sover kong Håkons
barn; – fanger du det i dødsens garn, da hvirvles hver modstand
som fnug for vejret, da er du konge, da har du sejret!
KONG SKULE. Tror du så visst, at jeg da har sejret!
KORSBRODEREN. Hver mand i Norge sukker om fred; kongen må eje
et kongs-emne med, en ætling, som arver sin faders rige; thi
folket er træt af de hundredårskrige. Rejs dig, kong Skule, inat
det gælder; nu eller aldrig du fienden fælder! Se hvor det lysner,
der langt mod nord, ser du hvor skodden letter derude, – der
slutter sig lydløst skude til skude, –og hør så hvor hult det
dønner i jord! Alt skal du få mod et bindende ord, tusende
stridsmænd i stormgang på jorden, tusende skinnende sejl på
fjorden!
KONG SKULE. Så nævn da ordet!
KORSBRODEREN. For at stille dig højest på verdensstigen, jeg vil kun
du føjer din egen higen; landet du får med byer og borge, hvis
din søn efter dig bliver konge i Norge!
KONG SKULE *(løfter hånden, som til ed)*. Min søn skal – *(holder
pludselig inde og udbryder forfærdet)*. Kirkeraneren! Al magten
til ham! Ha! nu skønner jeg dig; – du vil hans sjæls

fortabelse! Vig fra mig, vig fra mig! *(strækker armene mod himlen.)* Og forbarm dig over mig, du, som jeg nu skriger til om hjælp i min højeste nød!
(Styrter til jorden.)
KORSBRODEREN. Forbandet! Nu gik dog det hele så glat; jeg tænkte så visst, jeg havde ham fat; men lyset har gjort et kærligt træk, som *jeg* ikke kendte, – og spillet er væk. Lad gå; til hast har jeg ingen trang; perpetuum mobile er jo igang; jeg har brev på min magt langt ud gennem slægterne, brev på min magt over lysfornægterne; dem skal i Norge jeg styre og råde, er min magt end dem selv en uløselig gåde!
(længere fremme.) Går til sin gerning de norske mænd viljeløst vimrende, véd ej hvorhen, – skrukker sig hjerterne, smyger sig sindene, veke, som vaggende vidjer for vindene, –kan kun om én ting i verden de enes, *den*, at hver storhed skal styrtes og stenes, – hejses som mærke usseldoms klude, sætter de æren i flugt og i fald, – da er det bisp Nikolas som er ude, Bagler-bispen, som røgter sit kald!
(Han bliver borte i skodden mellem træerne.)
KONG SKULE *(rejser sig, efter et kort ophold, halvt ivejret og ser sig om)*. Hvor er han, den sorte? *(springer op.)* Vejviser, vejviser, hvor er du? Væk! – Ligegodt; nu véd jeg vejen selv, både til Elgesæter og længere frem.
(Går ud til højre.)

Klostergården på Elgesæter.

(På venstre side ligger kapellet med indgang fra gården; vinduerne er oplyste. Langsmed den modsatte side af klostergården strækker sig nogle lavere bygninger; i baggrunden klostermuren med en stærk port, som er stængt. Det er klar måneskinsnat. Tre Birkebejnerhøvdinger står ved porten; Margrete, Fru Ragnhild og Dagfinn Bonde kommer ud fra kapellet.)
FRU RAGNHILD *(halvt fra sig selv)*. Kong Skule måtte flygte ind i kirken, siger du! Han, han, flygtende, tryglende om fred for altret, – tryglende om livet kanhænde – o nej, nej, det har han

ikke gjort; men Gud vil straffe jer, som vovede at lade det komme så vidt!
MARGRETE. Min gode elskede moder, styr dig; du véd ikke hvad du siger; det er sorgen som taler.
FRU RAGNHILD. Hør, I Birkebejnere! Håkon Håkonssøn var det, som skulde ligge inde for alteret og trygle kong Skule om liv og fred!
EN BIRKEBEJNER. Usømmeligt er det for trofaste mænd at høre på slige ord.
MARGRETE. Hatten af for en hustrus sorg!
FRU RAGNHILD. Kong Skule dømt! Vogt jer, vogt jer allesammen, når han får magten igen!
DAGFINN BONDE. Den får han aldrig mere, fru Ragnhild.
MARGRETE. Ti, ti!
FRU RAGNHILD. Tror du, at Håkon Håkonssøn tør lade dommen sættes i værk, om han fanger kongen?
DAGFINN BONDE. Kong Håkon véd selv bedst om en kongs-ed kan brydes.
FRU RAGNHILD *(til Margrete)*. Og slig blodmand har du fulgt i tro og kærlig- hed! Er *du* din faders barn! Gid straffen ramme –! Gå fra mig, gå fra mig!
MARGRETE. Velsignet være din mund, skøndt du bander mig nu.
FRU RAGNHILD. Jeg må ned til Nidaros, ind i kirken og finde kong Skule. Han skikkede mig fra sig, da han sad i lykken; da trængte han mig jo heller ikke; – nu vil han ikke vredes, fordi jeg kommer. Luk porten op for mig, lad mig komme til Nidaros!
MARGRETE. Min moder, for Guds barmhjertigheds skyld –
(Det banker stærkt på klosterporten.)
DAGFINN BONDE. Hvem banker?
KONG SKULE *(udenfor)*. En konge.
DAGFINN BONDE. Skule Bårdssøn!
FRU RAGNHILD. Kong Skule!
MARGRETE. Min fader!
KONG SKULE. Luk op, luk op!
DAGFINN BONDE. Her lukkes ikke op for fredløse.
KONG SKULE. Det er en konge, som banker, siger jeg; en konge, som

107

ikke har tag over hovedet; en konge, som trænger hellig grund, for at være tryg på sit liv.

MARGRETE. Dagfinn, Dagfinn, det er min fader!

DAGFINN BONDE *(går hen til porten og åbner en liden luge).* Kommer I med mange mænd til klostret?

KONG SKULE. Med alle de mænd, som blev mig tro i nøden.

DAGFINN BONDE. Og hvormange er *det*?

KONG SKULE. Færre end én.

MARGRETE. Han er alene, Dagfinn!

FRU RAGNHILD. Himlens vrede ramme dig, om du nægter ham vigslet grund!

DAGFINN BONDE. I Guds navn da!

(Lukker op; Birkebejnerne blotter ærbødigt sine hoveder; kong Skule kommer ind i klostergården.)

MARGRETE *(om hans hals).* Min fader! Min velsignede ulykkelige fader!

FRU RAGNHILD *(stiller sig vildt mellem ham og Birkebejnerne).* I hykler ærefrygt for ham, I vil svige ham, som Judas. Vov ikke at komme ham nær! I skal ikke røre ham, sålænge jeg er ilive!

DAGFINN BONDE. Her er han tryg, thi han er på vigslet grund.

MARGRETE. Og ikke én af alle dine mænd havde mod til at følge dig inat!

KONG SKULE. Både korsbrødre og krigsmænd fulgte mig på vejen; men de smøg fra mig, en for en, fordi de vidste der var Birkebejnere på Elgesæter. Pål Flida var den, som slap mig sidst; han fulgte mig til klosterporten; der gav han mig det sidste håndslag og takkede for den tid, der fandtes Vargbælger i Norge.

DAGFINN BONDE *(til Birkebejnerne).* Gå ind, I høvdinger, og stil jer som vagt om kongsbarnet; jeg må til Nidaros og melde kongen, at Skule Bårdssøn er på Elgesæter; i slig stor sag får han selv handle.

MARGRETE. O, Dagfinn, Dagfinn, kan du ville det!

DAGFINN BONDE. Ilde tjente jeg ellers konge og land. *(til mændene.)* Stæng porten efter mig, våg over barnet, og luk ikke

op for nogen, før kongen kommer. *(Dæmpet til Skule.)* Farvel,
Skule Bårdssøn, – og Gud skænke jer en salig ende.
*(Går ud gennem porten; Birkebejnerne lukker efter ham og går
ind i kapellet.)*
FRU RAGNHILD. Ja, lad Håkon komme; jeg slipper dig ikke; jeg
holder dig tæt og kærligt i mine arme, som jeg aldrig har holdt
dig før.
MARGRETE. O, hvor du er bleg – og ældet; du fryser.
KONG SKULE. Jeg fryser ikke, – men jeg er træt, træt.
MARGRETE. Så kom ind, og hvil dig –
KONG SKULE. Ja, ja; det tør vel snart være på tiden at hvile.
SIGRID *(fra kapellet)*. Endelig kommer du, min broder!
KONG SKULE. Sigrid! Er du her?
SIGRID. Jeg lovede jo, at vi skulde mødes, når du trængte mig i din
højeste nød.
KONG SKULE. Hvor er dit barn, Margrete?
MARGRETE. Det sover i sakristiet.
KONG SKULE. Så er ætten samlet på Elgesæter inat.
SIGRID. Ja, samlet efter lange forvildede tider.
KONG SKULE. Nu fattes kun Håkon Håkonssøn.
MARGRETE og FRU RAGNHILD *(klynger sig med et smerteligt udbrud
fast til ham)*. Min fader! – Min husbond!
KONG SKULE *(ser bevæget på dem)*. Har I elsket mig så højt, I to? Jeg
søgte efter lykken ude i det fremmede, og agtede aldrig på,
at jeg havde et hjem, hvor jeg kunde fundet den. Jeg jog efter
kærlighed gennem synd og brøde, og vidste aldrig, at jeg ejede
den i kraft af Guds og menneskenes lov. – Og du, Ragnhild, min
hustru, du, som jeg har forbrudt så meget imod, du lægger
dig varmt og blødt op til mig i nødens højeste stund, du kan
skælve og ræddes for den mands liv, som aldrig har kastet et
solglimt over din vej.
FRU RAGNHILD. Du forbrudt! O, Skule, tal ikke så; tror du jeg nogen
tid skulde vove at gå irette med dig! Jeg har altid været for ringe
for dig, min høje husbond; der kan ikke hvile skyld over nogen
gerning, som du har øvet.

KONG SKULE. Har du troet så trygt på mig, Ragnhild?
FRU RAGNHILD. Fra den første dag, jeg så dig.
KONG SKULE *(med liv).* Når Håkon kommer, vil jeg bede om grid! I milde kærlige kvinder, – o, det er dog fagert at leve!
SIGRID *(med et udtryk af rædsel).* Skule, min broder! Ve dig, om du farer vild på vejen inat!
(Larm udenfor; straks efter banker det på porten.)
MARGRETE. Hør, hør! Hvem er det, som stormer frem!
FRU RAGNHILD. Hvem banker på porten?
STEMMER *(udenfor).* Bymændene fra Nidaros! Luk op! Vi véd, at Skule Bårdssøn er derinde!
KONG SKULE. Ja, han er herinde; – hvad vil I ham?
LARMENDE STEMMER *(udenfor).* Kom ud, kom ud! Du skal dø, du onde mand!
MARGRETE. Og det vover I bymænd at true med?
EN ENKELT. Kong Håkon har dømt ham i Oslo.
EN ANDFN. Det er hver mands pligt at dræbe ham.
MARGRETE. Jeg er dronningen; jeg byder eder at fare herfra!
EN STEMME. Det er Skule Bårdssøns datter og ikke dronningen, som taler så.
EN ANDEN. I har ingen magt over liv og død; kongen har dømt ham!
FRU RAGNHILD. Ind i kirken, Skule! For Gud den barmhjertiges skyld, lad ikke blodmændene komme dig nær!
KONG SKULE. Ja, ind i kirken; for dem derude vil jeg ikke falde. Min hustru, min datter; det er som jeg havde fundet fred og lys; o, det må ikke tages fra mig igen så brat! *(Vil ile ind i kapellet)*
PETER *(udenfor til højre).* Min fader, min konge! *Nu* har du snart sejren!
KONG SKULE *(med et skrig). Han! Han! (synker ned på kirketrappen.)*
FRU RAGNHILD. Hvem er det?
EN BYMAND *(udenfor).* Se, se; kirkeraneren klyver over klostertaget!
ANDRE. Kast sten på ham! Kast sten på ham!
PETER *(kommer tilsyne på et tag til højre og springer ned i gården).* Vel mødt igen, min fader!
KONG SKULE *(ser forfærdet på ham).* Dig – dig havde jeg glemt –!

Hvor kommer du fra?
PETER *(vildt).* Hvor er kongsbarnet?
MARGRETE. Kongsbarnet!
KONG SKULE *(springer op).* Hvor kommer du fra, spørger jeg?
PETER. Ude fra Hladehammeren; jeg har varslet Bård Bratte og Vargbælgerne om, at kongsbarnet er på Elgesæter inat.
MARGRETE. Gud!
KONG SKULE. Det har du gjort! Og nu?
PETER. Han samler flokken sammen, og så stævner de opover til klosteret. – Hvor er kongsbarnet, kvinde?
MARGRETE *(der har stillet sig foran kirkedøren).* Det sover i sakristiet!
PETER. Ligegodt, om det så sov på alteret! Jeg har hentet Olafs helligdom ud, – jeg er ikke ræd for at hente kongsbarnet heller!
FRU RAGNHILD *(råber til Skule).* Ham er det, du har elsket så højt!
MARGRETE. Fader, fader! Hvor kunde du glemme alle os andre for hans skyld!
KONG SKULE. Han var ren, som et Guds lam, da den angrende kvinde gav mig ham; – det er troen på mig, som har gjort ham til *den,* han nu er.
PETER *(uden at høre på ham).* Barnet *må* herud! Dræb det, dræb det på dronningens arm, – det var kong Skules ord i Oslo!
MARGRETE. Syndigt, syndigt!
PETER. En helgen kunde tryggelig gøre det, når min fader har sagt det! Min fader er kongen; thi han ejer den store kongstanke!
BYMÆNDENE *(banker på porten).* Luk op! Kom ud, du og kirkeraneren, ellers brænder vi klostret ned!
KONG SKULE *(som greben af en stærk beslutning).* Den store kongstanke! Ja, *den* er det, som har forgiftet din unge kærlige sjæl! Ren og skyldfri skulde jeg give dig tilbage; det er troen på mig, som driver dig så vildt fra brøde til brøde, fra dødsskyld til dødsskyld! O, men jeg kan frelse dig endnu; jeg kan frelse os alle! *(råber mod baggrunden.)* Vent, vent, I bymænd derude; jeg kommer!
MARGRETE *(griber forfærdet hans hånd).* Min fader, hvad vil du?

FRU RAGNHILD *(klynger sig op til ham med et skrig)*. Skule!
SIGRID *(river dem bort fra ham og råber med vild strålende glæde)*: Slip ham, slip ham, I kvinder; – der vokser vinger ved hans tanke nu!
KONG SKULE *(fast og stærk til Peter)*. Du så i mig den himmelkårne, – *den*, som skulde gøre den store kongsgerning i landet. Se bedre på mig, du forvildede! Kongspjalterne, som jeg har pyntet mig med, de var lånte og stjålne, – nu lægger jeg dem af, en for en.
PETER *(angst)*. Min høje, herlige fader, tal ikke så!
KONG SKULE. Kongstanken er Håkons, ikke min; han alene har fået den kraft af Herren, som kan gøre den til sandhed. Du har troet på en løgn; vend dig fra mig og frels din sjæl.
PETER *(med brudt stemme)*. Kongstanken er Håkons!
KONG SKULE. Jeg vilde være den største i landet. Gud, Gud; se, jeg ydmyger mig for dig, og står som den ringeste af alle.
PETER. Tag mig bort fra jorden, Herre! Straf mig for al min brøde; men tag mig bort fra jorden; thi her er jeg hjemløs nu. *(synker ned på kirketrappen.)*
KONG SKULE. Jeg havde en ven, som blødte for mig i Oslo. Han sagde: en mand kan falde for en andens livsværk; men skal han blive ved at leve, så må han leve for sit eget. – Jeg har intet livsværk at leve for, jeg kan ikke leve for Håkons heller, – men jeg kan falde for det.
MARGRETE. Nej, nej, det skal du aldrig!
KONG SKULE *(tager hendes hånd og ser mildt på hende)*. Elsker du din husbond, Margrete?
MARGRETE. Højere end alt i verden.
KONG SKULE. Du kunde bære, at han sagde dødsdommen over mig; men vilde du også kunne bære det, om han måtte lade den fuldbyrde?
MARGRETE. Himlens herre, styrk mig!
KONG SKULE. Kunde du, Margrete?
MARGRETE *(sagte og gysende)*. Nej, nej, – vi måtte skilles ad, – jeg turde aldrig se ham tiere!

KONG SKULE. Du vilde lukke det fagreste lys ude fra *hans* liv og fra dit; – vær rolig, Margrete, – du skal ikke have det nødig.
FRU RAGNHILD. Far fra landet, Skule; jeg følger dig hvorhen og sålangt du vil.
KONG SKULE *(hovedrystende)*. Med en hånende skygge mellem os? – Jeg har fundet dig inat for første gang; der må ingen skygge være mellem mig og dig, min stille trofaste hustru; – derfor må der heller intet samliv være mellem os to på jorden.
SIGRID. Min kongelige broder! Jeg ser du trænger mig ikke; jeg ser, du véd, hvad vej du skal gå.
KONG SKULE. Der gives mænd, som skabtes til at leve, og mænd, som skabtes til at dø. Min vilje vilde altid did, hvor ikke Guds finger pegte for mig; derfor så jeg aldrig vejen klart før nu. Mit stille husliv har jeg forbrudt, det kan jeg ikke vinde igen; hvad jeg har syndet mod Håkon, kan jeg bøde på, ved at fri ham for en kongspligt, som måtte skille ham fra det kæreste, han ejer. Bymændene står udenfor; jeg vil ikke vente på kong Håkon! Vargbælgerne er nær; sålænge jeg er ilive, står de ikke fra sit forsæt; finder de mig her, kan jeg ikke frelse dit barn, Margrete. – Se, se, opad! Se hvor det blegner og svinder, det gloende sværd, som har været draget over mig! Ja, ja, – Gud har talt, og jeg har forståetham, og hans vrede er stilnet. Det er ikke i helligdommen på Elgesæter jeg skal kaste mig ned og bede om grid af en jordens konge; – den høje kirke med stjernehvælven over må jeg ind i, og det er kongernes konge, jeg skal bede om grid og frelse for alt mit livsværk!
SIGRID. Stå ham ikke imod! Stå ikke Guds kaldelse imod! Dagen gryr; det dages i Norge og det dages i hans urolige sjæl! Har ikke vi forfærdede kvinder stået længe nok i lønkamrene, skrækslagne og gemte ind i de mørkeste kroge, lyttende til al den rædsel, som øvedes udenfor, lyttende til blodtoget, som gik landet over fra ende til ende? Har vi ikke ligget blege og forstenede i kirkerne, og ikke vovet at se ud, ligesom Kristi disciple lå i Jerusalem på den store langfredag, da toget gik til Golgata! Brug dine vinger, og ve dem, som vil binde dig nu!

113

Fru Ragnhild. Far hen i fred, min husbond! Far did, hvor ingen hånende skygge står mellem os, når vi atter mødes. *(iler ind i kapellet.)*
Margrete. Min fader, farvel, farvel, – tusende farvel! *(følger Fru Ragnhild.)*
Sigrid *(åbner kirkedøren og råber ind)*: Frem, frem alle kvinder! Saml jer i bøn; send et bud opad med sang til Herren, og meld ham, at nu kommer Skule Bårdssøn angrende hjem fra sin ulydighedsgang på jorden!
Kong Skule. Sigrid, min trofaste søster, hils kong Håkon fra mig; sig ham, at jeg end ikke i min sidste stund véd om han er den kongefødte, men at jeg uryggeligt véd: *han* er *den*, som Gud har kåret.
Sigrid. Jeg skal bringe ham din hilsen.
Kong Skule. Og en hilsen *til* får du bringe. Der sidder en angrende kvinde nord på Hålogaland; sig hende, at hendes søn gik forud; han fulgte med mig, da der var al fare for hans sjæl.
Sigrid. Det skal jeg.
Kong Skule. Sig hende, det var ikke med hjertet han syndede; ren og skyldfri skal hun visselig møde ham igen.
Sigrid. Det skal jeg. – *(Peger mod baggrunden.)* Hør, der bryder de låsen fra!
Kong Skule *(peger mod kapellet)*. Hør, der synger de højt til Gud om frelse og fred!
Sigrid. Hør, hør! Alle klokker i Nidaros ringer –!
Kong Skule *(smiler sørgmodigt)*. De ringer en konge til graven.
Sigrid. Nej, de ringer til din rette kroning nu! Farvel, min broder; lad blodets purpurkåbe flømme vidt over dine skuldre; al brøde kan dækkes under *den*! Gå ind, gå ind i den store kirke og tag livsens krone!
(iler ind i kapellet.)
(Sang og klokkeringning vedbliver under det følgende.)
Stemmer *(udenfor porten)*. Nu er låsen fra! Tving os ikke til at bryde kirkefreden!
Kong Skule. Jeg kommer.

BYMÆNDENE. Og kirkeraneren skal også komme!
KONG SKULE. Kirkeraneren skal også komme, ja! *(går hen til Peter.)* Min søn, er du rede?
PETER. Ja, min fader, jeg er rede.
KONG SKULE *(ser opad).* Gud, jeg er en fattig mand, jeg har kun mit liv at give; men tag det, og berg Håkons store kongstanke. – Se så, ræk mig din hånd.
PETER. Her er min hånd, fader.
KONG SKULE. Og vær ikke ræd for det, som nu kommer.
PETER. Nej, fader, jeg er ikke ræd, når jeg går sammen med dig.
KONG SKULE. Tryggere vej har vi to aldrig gået sammen. *(Han åbner porten; bymændene står i mængde udenfor med løftede våben.)* Her er vi; vi kommer frivilligt; – men hug ham ikke i ansigtet.
(De går udenfor, hånd i hånd; porten glider til.)
EN STEMME. Sigt ikke, spar ikke; – hug dem, hvor I kan!
KONG SKULES STEMME. Uhæderligt er det at handle så med høvdinger!
(Kort våbenlarm; derpå høres tunge fald; alt bliver et øjeblik stille.)
EN STEMME. De er døde beggeto!
(Kongsluren lyder.)
EN ANDEN STEMME. Der kommer kong Håkon med al sin hird!
MÆNGDEN. Hil eder, Håkon Håkonssøn; nu har I ingen fiender mere!
GREGORIUS JONSSØN *(standser lidt ved de døde.)* Så kom jeg dog for sent!
(går ind i klostergården.)
DAGFINN BONDE. Usaligt for Norge, om I var kommen før! *(råber ud.)* Her ind, kong Håkon!
HÅKON *(standsende).* Liget ligger mig ivejen!
DAGFINN BONDE. Vil Håkon Håkonssøn frem, så får han gå over Skule Bårdssøns lig!
HÅKON. I Guds navn da!
(Stiger over liget og kommer ind.)
DAGFINN BONDE. Endelig kan I gå til kongsværket med frie hænder.

115

Derinde har I dem, I elsker; i Nidaros ringes freden ind i landet, og derude ligger *han*, som var jer værst af alle.

HÅKON. Hver mand dømte ham galt; der var en gåde ved ham.

DAGFINN BONDE. En gåde?

HÅKON *(griber ham om armen og siger sagte)*: Skule Bårdssøn var Guds stedbarn på jorden; det var gåden ved ham.

(Kvindernes sang lyder højere fra kapellet; alle klokker bliver ved at ringe i Nidaros.)
Teppet falder.

Also available from JiaHu Books:

Brand -Henrik Ibsen
Et Dukkhjem – Henrik Ibsen
(Norwegian/English Bilingual text also available)
Peer Gynt – Henrik Ibsen
Hærmændene på Helgeland – Henrik Ibsen
Fru Inger til Østråt -Henrik Ibsen
Gengangere – Henrik Ibsen
Catilina – Henrik Ibsen
De unges Forbund – Henrik Ibsen
Gildet på Solhaug - Henrik Ibsen
Kærligdehens Komedie - Henrik Ibsen
Synnøve Solbakken - Bjørnstjerne Bjørnson
Det går an by Carl Jonas Love Almqvist
Drottningens Juvelsmycke by Carl Jonas Love Almqvist
Röda rummet – August Strindberg
Fröken Julie/Fadren/Ett dromspel by August Strindberg
Nils Holgerssons underbara resa genom Sverige - Selma Lagerlöf
The Little Mermaid and Other Stories (Danish/English Texts) - Hans-Christian Andersen
Egils Saga (Old Norse and Icelandic)
Brennu-Njáls saga (Icelandic)
Laxdæla Saga (Icelandic)
Die vlakte en andere gedigte (Afrikaans) - Jan F.E. Celliers

www.ingramcontent.com/pod-product-compliance
Lightning Source LLC
Chambersburg PA
CBHW031405040426
42444CB00005B/429